INVENTAIRE
V 42204

INSTRUCTION
SUR LES MANŒUVRES

A L'USAGE

DE LA GARDE NATIONALE MOBILISÉE

APPROUVÉE

PAR LE GÉNÉRAL BOURBAKI.

———

LILLE
L. QUARRÉ, LIBRAIRE
GRANDE PLACE, 64.

INSTRUCTION

SUR LES MANŒUVRES

A L'USAGE

DE LA GARDE NATIONALE MOBILISÉE

INSTRUCTION
SUR LES MANŒUVRES

A L'USAGE

DE LA GARDE NATIONALE MOBILISÉE

APPROUVÉE

PAR LE GÉNÉRAL BOURBAKI

~~~~~~~

LILLE
L. QUARRÉ, LIBRAIRE

GRANDE PLACE, 64.

INSTRUCTION

SUR LES MANŒUVRES

A L'USAGE

DE LA GARDE NATIONALE MOBILISÉE

⁙

TITRE I.

BASES DE L'INSTRUCTION.

COMPOSITION D'UNE COMPAGNIE.

1. Une compagnie se compose : d'un capitaine, d'un lieutenant, de deux sous-lieutenants, d'un sergent-major, d'un sergent-fourrier, de six sergents, de douze caporaux, des hommes et de deux tambours ou clairons.

2. Elle est divisée en trois sections; chaque section est subdivisée en deux demi-sections,

et chaque demi-section, en deux escouades.

3. Les sections sont numérotées de 1 à 3, les demi-sections de 1 à 6, les escouades de 1 à 12.

4. La première section est commandée par le sous-lieutenant le moins ancien, la deuxième par le sous-lieutenant le plus ancien, et la troisième par le lieutenant.

5. Les demi-sections sont commandées par les sergents, et les escouades par les caporaux.

FORMATION D'UNE COMPAGNIE EN BATAILLE.

6. Les officiers et les sous-officiers sont placés de la manière suivante :

7. Le capitaine, à la droite du premier rang.

8. Le lieutenant et les deux sous-lieutenants, à deux pas du second rang, en serre-files, derrière le centre de leurs sections.

9. Le sergent-major, à la droite du chef de la troisième section, en serre-file.

10. Le sergent-fourrier, à la droite de la première section, en serre-file.

11. Le sergent de la deuxième demi-section, à la gauche du second rang, derrière le capitaine.

12. Les autres sergents, à deux pas du second rang, en serre-files ; ceux des demi-sections impaires, derrière la droite, et ceux des demi-sections paires, derrière la gauche de leurs demi-sections.

13. Les caporaux encadrent les demi-sections au premier rang, de sorte que ceux des escouades impaires sont à la droite, et ceux des escouades paires sont à la gauche de leurs escouades.

14. Ils peuvent avoir derrière eux un homme de leur escouade ou de l'escouade voisine.

15. Les hommes sont placés par rang de taille de la droite à la gauche, et formés sur deux rangs.

16. La place des tambours et clairons est indiquée plus loin (titre I, n° 36).

17. Dans les manœuvres, la compagnie porte le nom de peloton, le sergent de la première demi-section est désigné sous le nom de sous-officier de remplacement ou de guide de droite, et celui de la sixième demi-section, sous le nom de guide de gauche.

COMPOSITION D'UN BATAILLON.

18. Un bataillon se compose : d'un chef de bataillon, d'un capitaine adjudant-major, d'un sous-lieutenant porte-drapeau, d'un adjudant de six compagnies avec leurs cadres, et enfin d'un caporal-tambour (ou clairon).

FORMATION D'UN BATAILLON EN BATAILLE.

19. Les pelotons sont placés les uns côté des autres, dans l'ordre de leurs numéros, de la droite à la gauche.

20. Les deux premiers forment la première division; les deux suivants la deuxième division; les deux derniers la troisième division.

21. Les trois pelotons de droite forment le premier demi-bataillon, et les trois pelotons de gauche le deuxième demi-bataillon.

22. Quand le bataillon est en bataille, le premier demi-bataillon s'appelle demi-bataillon de droite, et le deuxième demi-bataillon, demi-bataillon de gauche.

23. Le chef de bataillon se place à quarante pas des serre-files, derrière le centre de son bataillon; l'adjudant-major à dix pas des serre-files, derrière le centre du demi-bataillon de droite; l'adjudant, à dix pas des serre-files, derrière le centre du demi-bataillon de gauche; le porte drapeau, derrière la gauche du troisième peloton, en serre-file.

24. Les guides généraux de droite et de gauche, choisis parmi les fourriers dont la position et la marche offrent le plus de régularité, se placent en serre-files derrière les deux ailes du bataillon.

25. Le guide de gauche du sixième peloton se place à la gauche de son peloton et prend le nom de sous-officier d'encadrement.

FORMATION D'UN BATAILLON EN COLONNE.

26. Parmi les différentes colonnes, la colonne serrée par peloton est seule admise.

27. Dans chaque peloton, le chef de peloton est à deux pas devant le centre de son peloton, les guides de droite et de gauche encadrent le premier rang, les serre-files sont à un pas du second rang.

28. Les pelotons, ainsi disposés, sont placés les uns derrière les autres, et séparés par une distance de 6 pas (4 mètres).

29. Quand c'est le peloton qui était à droite dans l'ordre de bataille, qui est en tête, on dit que la colonne a la droite en tête; quand c'est celui qui était à la gauche, on dit qu'elle a la gauche en tête.

30. Dans aucun cas on ne peut intervertir dans une colonne l'ordre des numéros des pelotons.

31. Les hommes sentent les coudes de leurs voisins du côté des guides de gauche, qui sont placés exactement les uns derrière les autres, sur une ligne qu'on appelle la direction.

32. L'adjudant-major et l'adjudant se tiennent à quatre pas de la direction; le premier à hauteur du peloton de la tête, et le second à hauteur du peloton de la queue.

33. Le chef de bataillon se tient à quinze pas de la direction.

34. Tous les autres officiers et sous-officiers gardent leurs places dans les pelotons.

35. Les trois pelotons de la tête forment le demi-bataillon de tête, et les trois pelotons de la queue, le demi-bataillon de queue.

2

TAMBOURS ET CLAIRONS.

36. Dans une compagnie isolée et formée en bataille, les tambours et clairons se mettent à deux pas à la droite du premier rang.

37. Dans un bataillon en bataille, les tambours sur deux rangs, ayant derrière eux les clairons également sur deux rangs, sont placés à vingt pas des serre-files, derrière le premier peloton du second demi-bataillon ; le caporal-tambour (ou clairon) est placé à leur tête.

38. Dans une colonne, les tambours et clairons, dans l'ordre qui vient d'être indiqué, sont placés sur le flanc de la colonne, du côté opposé au guide, à dix pas à hauteur du premier peloton du second demi-bataillon.

39. Quand un bataillon manœuvrant isolément prend l'ordre en colonne, les tambours et clairons se placent à dix pas en arrière du peloton de la queue.

40. Quand une troupe est en marche, les tambours et clairons se mettent en avant, à quatre pas si c'est une compagnie marchant par le flanc, à vingt pas si c'est un bataillon en route ou en colonne.

INSTRUCTION.

41. Les officiers doivent connaître complètement cette instruction. Les sous-officiers et

caporaux doivent connaître leurs fonctions spéciales dans les mouvements qu'exécutent un peloton, un bataillon et une ligne de tirailleurs.

42. En général, un officier, un sous-officier ou un caporal doit être apte à remplir les fonctions du grade immédiatement supérieur.

43. Cette instruction est divisée en titres :

Titre I. Bases de l'instruction.

Titre II. Extraits des écoles du soldat et de peloton.

Titre III. Extraits de l'école de bataillon.

Titre IV. Ecole complète des tirailleurs.

DROIT AU COMMANDEMENT.

44. En l'absence d'un chef de bataillon, de compagnie de section, de demi-section ou d'escouade, c'est celui qui vient après lui par le grade ou l'ancienneté, dans le bataillon, la compagnie, la section, la demi-section, ou l'escouade, qui prend le commandement.

45. Un sous-lieutenant ne peut commander une compagnie pendant plus de quinze jours ; le chef de corps doit, ce délai expiré, donner le commandement de la compagnie à un lieutenant.

46. Dans les manœuvres, si un sous-lieutenant est le seul officier présent à sa compagnie, le chef de bataillon peut en donner le commandement à un lieutenant.

TITRE II

EXTRAITS DES ÉCOLES DU SOLDAT
ET DE PELOTON.

PRINCIPES GÉNÉRAUX.

1. Il y a deux sortes de commandements, les commandements d'avertissement et ceux d'exécution.

2. Les commandements d'avertissement (indiqués dans le texte par des lettres italiques) sont prononcés distinctement dans le haut de la voix, en allongeant un peu la dernière syllabe.

3. Les commandements d'exécution (distingués dans le texte par des majuscules) sont prononcées d'un ton ferme et bref.

Les commandements dont l'indication est séparée dans le texte par des tirets sont coupés de même dans l'énonciation.

4. Le titre II est divisé en neuf articles.

ARTICLE I. Position du soldat sans armes — à droite, à gauche.

— II. Alignements.

— III. Marche de front.

Article IV.   Marche de flanc.

—   V.   Conversions en marchant.

—   VI.   Maniement des armes et charges sur deux rangs.

—   VII. Positions du tireur, debout, à genou, et couché.

—   VIII. Feux.

—   IX. Le peloton étant face par le premier rang, le mettre face par le second rang, et réciproquement.

ARTICLE 1er

POSITION DU SOLDAT SANS ARMES — A DROITE, A GAUCHE.

5. Les hommes étant sur la même ligne et espacés d'un pas, l'instructeur fait exécuter et commande ce qui suit :

6. Les talons joints, les pieds un peu moins ouverts que l'équerre, les bras pendants, le corps dans une position naturelle :

    1. *Peloton par le flanc droit* (ou *gauche*).

    2. A DROITE (OU A GAUCHE).

7. Au deuxième commandement, l'homme, levant le pied droit, tourne sur le talon gauche et fait face à droite ou à gauche.

FRONT.

8. A ce commandement, l'homme revient

face en tête, en faisant par le flanc gauche ou le flanc droit.

1. *Peloton.*
2. DEMI-TOUR.
3. A DROITE.

9. Au commandement de demi-tour, l'homme, tournant sur le talon gauche, place le pied gauche droit devant lui, et le pied droit perpendiculairement au gauche, le milieu du pied vis-à-vis et à dix centimètres du talon gauche.

10. Au commandement de A DROITE, l'homme tourne sur les deux talons, fait face en arrière et rapporte le talon droit à côté du gauche.

11. Quand l'homme est reposé sur l'arme, il soulève légèrement l'arme pour faire le demi-tour.

ARTICLE II

ALIGNEMENTS.

12. L'instructeur forme de ses hommes un peloton d'instruction, auquel il donne un chef de peloton, un guide de droite, un guide de gauche, et quelques serre-files; puis il commande successivement :

REPOS.

13. A ce commandement, les hommes

restent à leurs places, mais ne sont plus astreints à garder l'immobilité.

1. *Garde à vous*.
2. PELOTON.

14. Au deuxième commandement, les hommes reprennent la position et l'immobilité.

1. *Chef de peloton*.
2. RECTIFIEZ L'ALIGNEMENT.

15. Au deuxième commandement, le chef peloton, s'adressant aux hommes qui ne sont pas sur l'alignement, leur commande :

TEL N°, RENTREZ OU SORTEZ.

Les numéros désignés tournent immédiatement la tête du côté du chef de peloton et avancent ou reculent sur l'alignement par de petits pas saccadés.

16. L'instructeur fait alors porter le chef de peloton et le guide de gauche à 3 pas en avant du premier rang, et donne l'ordre au chef de peloton d'aligner son peloton ; celui-ci commande :

1. *A droite*.
2. ALIGNEMENT.

17. Au deuxième commandement les hommes tournent la tête du côté du chef de peloton, se portent vers la ligne qu'ils ont soin de ne pas dépasser, sentent le coude de leur voisin, et achèvent de se

placer sur l'alignement, par de petits pas saccadés.

18. Le chef de peloton aligne immédiatement les quatre hommes les plus rapprochés de lui sur le guide de gauche, afin de donner au peloton une base d'alignement.

19. Dès qu'il voit le peloton suffisamment bien aligné, il commande : FIXE, Afin de faire cesser tout mouvement dans le peloton ; puis il rectifie l'alignement s'il le juge nécessaire, par les moyens indiqués plus haut (titre II, n° 14).

20. Le second rang se conforme à l'alignement du premier.

21. Les serre-files se maintiennent à deux pas du second rang.

22. L'instructeur fait ainsi prendre des alignements parallèles et obliques, soit en faisant sortir le guide de gauche, soit en indiquant seulement au chef de peloton la direction qu'il doit donner à son peloton.

23. L'instructeur exerce aussi le peloton au genre d'alignement suivant, qui est très-utile.

Il place deux jalonneurs, lui faisant face, dans une direction quelconque, puis il ordonne au chef de peloton d'aligner son peloton. Celui-ci se porte au point où doit appuyer la droite de son peloton et l'aligne contre les jalonneurs par les moyens indiqués plus haut.

24. Les alignements à gauche se prennen

d'après les mêmes principes et par le commandement de :

1. *A gauche.*
2. ALIGNEMENT.

25. Quand le chef de peloton quitte son créneau pour se porter à la gauche du peloton, le sous-officier de remplacement prend sa place au premier rang.

26. L'instructeur, ayant fait porter en arrière le chef de peloton, commande :

1. *En arrière à droite (ou à gauche).*
2. ALIGNEMENT.

29. Au deuxième commandement, les hommes marchent en arrière, dépassent l'alignement et s'y placent comme il a été prescrit plus haut (titre II, n° 17).

28. L'instructeur peut encore supprimer le guide et se borner à indiquer une direction au chef de peloton.

29. L'instructeur recommande aux hommes de toujours partir du pied gauche, pour se porter soit en avant, soit en arrière.

30. A la deuxième pose, le deuxième rang prend la place du premier.

31. L'instructeur peut faire lui-même tous les commandements pour les alignements en avant et en arrière; mais c'est néanmoins le chef de peloton qui dirige l'alignement et fait le commandement de FIXE.

ARTICLE III

MARCHE DE FRONT.

DIFFÉRENTES ESPÈCES DE PAS.

32. Il y a plusieurs espèces de pas :

1° Le pas de route, qui est le pas naturel ;

2° Le pas accéléré, qui est le pas naturel cadencé — la longueur moyenne de ce pas qui est adoptée pour mesurer les distances est de 0m 65 (2 pieds).

3° Le pas de charge, qui est le pas accéléré, mais plus ouvert et plus rapide ;

4° Le pas de course naturel ;

5° Le pas gymnastique, sorte de pas de course modéré et cadencé, qu'on exécute sur la pointe des pieds, en levant les pieds le moins possible.

6° Le pas en arrière dont la longueur n'est que de 0m33 (1 pied).

33. Quand celui qui commande ne fait pas mention du pas dans le commandement, les hommes prennent toujours le pas accéléré.

MARCHE EN AVANT.

34. L'instructeur donne l'ordre au chef de peloton d'exercer son peloton à la marche ; celui-ci sort aussitôt de son créneau, où il est

remplacé par le guide de droite, fait porter le guide de gauche à la gauche du peloton, et commande :

1. *Peloton en avant.*
2. *Guide à droite* (ou *à gauche*).
3. MARCHE.

35. Au premier commandement, les hommes portent le poids du corps sur la jambe droite.

36. Au deuxième commandement, le guide indiqué remarque deux points à terre, droit devant lui.

37. Au commandement de *Marche*, le peloton part vivement du pied gauche. Les hommes conservent la tête droite et sentent légèrement le coude du côté du guide.

Le guide marche dans la direction des points qu'il a choisis, en choisit un nouveau sur leur prolongement, avant d'arriver au premier, et ainsi de suite.

1. *Peloton.*
2. HALTE.

38. Au commandement de *Halte*, les hommes s'arrêtent vivement.

1. *Peloton en avant.*
2. *Guide à droite* (ou *à gauche*).
3. *Pas gymnastique.*
4. MARCHE.

39. Au premier et au deuxième comman-

dements, on exécute ce qui a été prescrit (titre II, nᵒˢ 35 et 36).

40. Au troisième commandement, si les hommes sont sans armes, ils portent les poings fermés à hauteur des hanches.

41. Au commandement de *Marche*, ils prennent le pas gymnastique et se conforment, ainsi que les guides, aux principes énoncés plus haut.

42. Pour faire passer le peloton du pas accéléré au pas gymnastique, le chef de peloton commande :

1. *Pas gymnastique.*
2. MARCHE.

Et pour le remettre au pas accéléré :

1. *Pas accéléré.*
2. MARCHE.

43. Pendant la marche en avant, les serre-files se maintiennent toujours à deux pas du second rang.

MARCHE EN RETRAITE,

44. Le chef de peloton commande :

1. *Peloton.*
2. DEMI-TOUR.
3. A DROITE.

Le peloton fait demi-tour, et les guides passent au second rang.

45. La marche en retraite s'exécute alors d'après les mêmes principes et par les mêmes

commandements que la marche en avant ; les serre-files marchent à deux pas en avant du peloton.

46. Si le chef de peloton veut faire exécuter le demi-tour en avant, il commande :

1. *Peloton demi-tour à droite.*

2. MARCHE.

47. Au commandement de **Marche**, qui doit être fait au moment où le pied gauche va poser à terre, les hommes tournent sur la pointe du pied gauche, posent le pied droit en arrière et repartent du pied gauche.

48. S'il veut que le peloton fasse demi-tour et s'arrête, il commande :

1. *Peloton demi-tour à droite.*

2. HALTE.

49. Au commandement de **Halte**, les hommes font demi-tour et s'arrêtent.

50. La marche en retraite peut être aussi exécutée au pas gymnastique.

A cette allure, le demi-tour en marchant se fait par quatre pas exécutés à la même cadence en tournant sur place.

OBSERVATIONS.

51. Si pendant la marche en avant ou en retraite, le chef de peloton veut faire marquer le pas au peloton, il commande :

1. *Marquez le pas.*

2. MARCHE.

52. Au deuxième commandement, les hommes exécutent le pas sur place.

53. Pour remettre le peloton en marche, il commande :

1. *En avant.*
2. MARCHE.

54. Pendant l'instruction, le chef de peloton indique de temps en temps la cadence et le pas aux hommes, en répétant plusieurs fois de suite : *gauche*, *droite*, au moment où chacun de ses pieds pose à terre.

55. Les hommes qui ne sont pas au pas rapportent le pied qui est en arrière à côté de l'autre et repartent du même pied.

56. Pour porter le peloton à une faible distance en arrière, le chef de peloton commande :

1. *Peloton en arrière*
2. MARCHE.

57. Au deuxième commandement, les hommes marchent le pas en arrière jusqu'au commandement de : *Peloton* — HALTE.

58. L'instructeur peut faire lui-même tous les commandements de cet article ; le chef de peloton, au lieu de se porter où il le juge convenable, est alors astreint à marcher à deux pas en avant ou en arrière du premier rang, selon que l'on marche en avant ou en retraite.

59. Un peloton isolé, ou faisant partie

d'une colonne, marche en avant ou en retraite d'après les principes qui viennent d'être indiqués.

60. Un peloton qui fait partie d'un bataillon, en bataille, se conforme, dans la marche en avant et en retraite, aux principes énoncés (titre iii, article x).

ARTICLE IV.

MARCHE DE FLANC.

61. L'instructeur commande :

1. *Peloton par le flanc droit* (ou *gauche*).
2. A DROITE (*ou* A GAUCHE).

62. Au commandement de *à droite*, le peloton fait à droite, et dans chaque rang les numéros pairs se placent à la droite des numéros impairs.

63. Au commandement de *à gauche*, le peloton fait à gauche, et dans chaque rang les numéros impairs se placent à la gauche des numéros pairs.

64. Le second rang déboîte d'un pas en dehors.

65. Quand le peloton fait face en arrière, le doublement s'effectue de la manière inverse.

66. Dans tous les cas, le guide de droite, après avoir fait à droite ou à gauche, se place

devant ou derrière l'homme de droite du peloton. Quant au guide de gauche, il vient se placer devant le dernier homme du peloton, quand le peloton fait face de ce côté.

67. Le chef de peloton se place toujours en dehors du rang, coude à coude avec le guide de la tête.

68. Les serre-files font par le flanc en même temps que le peloton et se placent à deux pas du second rang double.

1. *Peloton en avant.*
2. MARCHE.

69. Au commandement de *Marche*, les hommes partent vivement et conservent les distances entre les files. Le chef de peloton marche droit devant lui; le guide sent légèrement le coude du chef de peloton, et l'homme qui est derrière le guide marche exactement dans ses traces.

70. L'instructeur commande :

1. *Par file à droite* (ou *à gauche*).
2. MARCHE.

71. Au commandement de *Marche*, le chef de peloton, coude à coude avec le guide, décrit un petit arc de cercle et se dirige perpendiculairement à droite ou à gauche.

Il est suivi de la première file et de toutes les autres, qui viennent changer de direction à la même place que la première.

ARRÊTER LE PELOTON ET LE REMETTRE
FACE EN TÊTE.

72. L'instructeur commande :

1. *Peloton*.
2. HALTE.
3. FRONT.

73. Au commandement de *Halte*, le peloton s'arrête. Au commandement de *Front*, les hommes font front et se remettent à leurs places en dédoublant.

74. Le chef de peloton, les guides et les serre-files reprennent leurs places dans le peloton.

FAIRE PAR LE FLANC DROIT ET LE FLANC
GAUCHE EN MARCHANT.

75. Le peloton marchant de front, l'instructeur commande :

1. *Peloton par le flanc droit* (ou *gauche*).
2. MARCHE.

76. Au commandement de *Marche*, les hommes font par le flanc, doublent et continuent à marcher par le flanc.

77. Le chef de peloton, les guides et les serre-files prennent rapidement la place

3

qu'ils doivent occuper pendant la marche de flanc.

78. Le peloton marchant par le flanc, l'instructeur commande :

1. *Peloton par le flanc droit (ou gauche)*.
2. MARCHE.
3. *Guide à droite (ou à gauche)*.

79. Au commandement de *Marche*, les hommes font par le flanc, dédoublent et continuent à marcher de front.

80. Le chef de peloton, les guides et les serre-files prennent rapidement les places qu'ils doivent occuper pendant la marche de front.

81. Au troisième commandement, les hommes sentent le coude à droite ou à gauche.

OBSERVATION.

82. Celui qui commande remarque que les mouvements ne flanc en marchant s'exécutent avec beaucoup plus de facilité et de correction, quand il fait le commandement de *Marche*, au moment où le pied opposé au sens du mouvement va poser à terre.

ARTICLE V.

CONVERSIONS EN MARCHANT.

83. Le peloton étant eu marche, dans l'ordre indiqué plus haut, l'instructeur fait prendre le guide au peloton du côté opposé au changement de direction, s'il n'y est déjà. Cela fait, il ordonne au chef de peloton de faire converser son peloton; celui-ci se retourne immédiatement et commande :

1. *A droite* (ou *à gauche*) *conversion*.
2. MARCHE.

84. Au premier commandement, qui doit être fait au moment où le peloton est à quatre pas de la place où il doit converser, le guide jette un coup d'œil sur le terrain à parcourir.

85. Au commandement de *marche*, le guide décrit, sans altérer la longueur ni la cadence de son pas, un arc de cercle, dont le rayon est égal à une fois et demie le front du peloton.

Les hommes tournent la tête du côté de l'aile marchante, sentent le coude de leur voisin du même côté, et se conforment au mouvement du guide en raccourcissant d'autant plus le pas, qu'ils sont plus rapprochés du pivot.

86. Le chef de peloton fait face à son peloton et veille en particulier à ce que l'homme ou le guide du côté du pivot dégage bien le point de conversion, en faisant le pas de 0ᵐ22 (1 pied).

87. Quand le peloton a suffisamment conversé, le chef de peloton commande :

1. *En avant.*
2. Marche.

en ayant soin de faire le premier commandement au moment où le peloton est à quatre pas de la place où doit finir le mouvement de conversion.

89. Au commandement de *Marche*, le peloton reprend la marche directe.

90. L'instructeur fait reprendre, s'il y a lieu, le guide du côté où il était précédemment.

91. Le chef de peloton, à moins qu'une direction différente ne lui soit imposée par un ordre de l'instructeur ou par la disposition du terrain, ne fait jamais reprendre la marche directe au peloton que lorsque celui-ci a décrit un quart de cercle complet.

92. L'instructeur peut indiquer le point où le guide doit commencer le mouvement de conversion en y plaçant un jalonneur. Le chef de peloton fait alors son premier commandement en conséquence.

ARTICLE VI.

MANIEMENT DES ARMES ET CHARGES SUR DEUX RANGS.

MANIEMENT DES ARMES.

93. Les hommes étant au port d'armes, l'instructeur commande :

L'arme — AU BRAS.	*Portez* — VOS ARMES.
Présentez — VOS ARMES.	*Portez* — VOS ARMES.
Croisez — BAÏON-NETTE.	*Portez* — VOS ARMES.
L'arme sur l'épaule — DROITE.	*Portez* — VOS ARMES.
L'arme — A VOLONTÉ.	*Portez* — VOS ARMES.
Reposez-vous — SUR VOS ARMES.	

94. Les hommes étant reposés sur les armes, l'instructeur commande :

Remettez — BAÏONNETTE.
Baïonnette — AU CANON.
L'arme sur l'épaule — DROITE.
Reposez — VOS ARMES.
Formez — LES FAISCEAUX.
Rompez — LES FAISCEAUX.
Portez — VOS ARMES.

3*

95. Pendant le maniement des armes, les sous-officiers prennent la position du soldat reposé sur l'arme.

96. Les hommes étant l'arme au bras ou reposés sur les armes, l'instructeur peut commander :

REPOS.
1. *Garde à vous.*
2. PELOTON.

97. Au commandement de *Repos*, si les hommes sont l'arme au bras, ils portent la main droite à la poignée de l'arme; s'ils sont reposés sur les armes, ils passent la main droite étendue sur la bretelle; cela fait, ils restent en place, mais ne sont plus astreints à la position régulière.

98. Au commandement de *Garde à vous*, ils portent encore la main droite à la poignée ou sur la bretelle et rectifient leur position.

99. Au commandement de *peloton*, ils reprennent la position de l'arme au bras ou du soldat reposé sur l'arme.

CHARGES *.

100. Les hommes étant au port d'arme, ou à la position du soldat reposé sur l'arme, l'instructeur commande :

---

* L'emploi des deux charges suivantes permet d'exécuter avec le fusil à baguette tout ce qui est prescrit

1. *Charge en (tant) de temps.*
2. *Chargez* — VOS ARMES.

1. *Charge à volonté.*
2. *Chargez* — VOS ARMES.

---

dans le règlement du 16 mars 1869, pour les charges, les positions du tireur et les feux.

CHARGE DEBOUT.

1. *Charge en douze temps.*
2. *Chargez* — VOS ARMES.

Un temps et trois mouvements.

Premier mouvement.

Elever l'arme avec la main droite, la saisir avec la main gauche au-dessous de la capucine ; faire un demi à droite ; se fendre à 30 centimètres en arrière et à 25 sur la droite, la pointe du pied un peu rentrée.

Deuxième mouvement.

Abattre l'arme avec les deux mains, la crosse sous l'avant-bras droit, la main droite à la poignée, la main gauche tenant le bois sans toucher le canon, le bout du canon à hauteur de l'épaule ; placer le pouce sur la crête du chien, les autres doigts en arrière et contre la sous-garde, le coude légèrement élevé.

Troisième mouvement.

Armer et porter la main droite à la poche aux capsules.

Prenez — LA CAPSULE.

Un temps et un mouvement

Prendre la capsule et la porter près de la cheminée.

AMORCEZ.

Un temps et un mouvement.

Mettre la capsule sur la cheminée, l'enfoncer en

101. Au premier commandement, le second rang appuie de 10 centimètres à droite.

---

appuyant dessus avec le pouce, et reprendre la position du deuxième mouvement du premier temps de la charge.

Couvrez — LA CAPSULE.

Un temps et un mouvement.

Conduire le chien à l'abattu en le soutenant avec le pouce; achever d'enfoncer la capsule, en appuyant fortement avec le pouce sur la crête du chien.

L'arme — A GAUCHE.

Un temps et deux mouvements.

Premier mouvement.

Retourner la main droite, pour embrasser le chien et la sous-garde; redresser l'arme contre l'épaule, à la position du port d'arme, la main gauche remontant en même temps à la hauteur de la grenadière, le pouce sur la baguette, le bras droit allongé.

Deuxième mouvement.

Lâcher l'arme de la main droite, la descendre avec la main gauche; poser la crosse à terre, plus ou moins vers la gauche, suivant la taille de l'homme, le canon incliné vers la droite; saisir en même temps l'arme à l'embouchoir avec la main droite, et porter ensuite cette main à la giberne.

Prenez — LA CARTOUCHE.

Un temps et un mouvement.

Prendre la cartouche et la porter entre les dents.

Déchirez — LA CARTOUCHE.

Un temps et un mouvement.

Déchirer la cartouche et l'apporter près du bout du canon.

102. Au premier temps de la charge, le chef de peloton et le sous-officier de rem-

---

Cartouche — AU CANON.

Un temps et un mouvement.

Renverser la poudre dans le canon, secouer la cartouche, retourner la balle, l'engager dans le canon jusqu'à la naissance de l'ogive, achever de l'enfoncer avec la paume de la main; saisir le gros bout de la baguette entre le pouce et le premier doigt ployé, les ongles tournés vers la droite, le coude légèrement élevé.

Tirez — LA BAGUETTE.

Un temps et deux mouvements.

Premier mouvement.

Tirer la baguette en allongeant le bras droit de toute sa longueur, la ressaisir par son milieu avec la main droite renversée, les ongles vers la droite; achever de la dégager en allongeant de nouveau le bras de toute sa longueur.

Deuxième mouvement.

Tourner la baguette et l'enfoncer dans le canon jusqu'à la main.

BOURREZ.

Un temps et un mouvement.

Remonter la main le long de la baguette, la saisir à pleine main par le petit bout; achever d'enfoncer la balle au fond du canon, et l'y assujettir en bourrant deux coups modérés.

Remettez — LA BAGUETTE.

Un temps et deux mouvements.

Premier mouvement.

Elever vivement la baguette avec la main droite, la

placement font un demi à droite comme les hommes.

103. Le chef de peloton, le sous-officier

---

ressaisir et la dégager du canon, comme il a été indiqué plus haut.

Deuxième mouvement.

Tourner la baguette, l'engager jusqu'à la main dans les tenons; placer le petit doigt ployé sur le gros bout de la baguette, achever de l'enfoncer, et allonger en même temps le bras gauche de toute sa longueur.

Apprêtez — ARMES.

Un temps et trois mouvements.

Premier mouvement.

Saisir l'arme avec la main droite au-dessus de la main gauche.

Deuxième mouvement.

Élever l'arme avec la main droite, en la faisant glisser dans la main gauche, qui vient se placer un peu au-dessous de la capucine et vis-à-vis l'épaule droite; descendre la main droite à la poignée.

Troisième mouvement.

Abattre l'arme à la position du premier temps de la charge, et armer.

CHARGE A GENOU.

Quand les hommes sont dans la position à genou, ils peuvent, sans se relever, charger le fusil à baguette de la manière suivante:

Après avoir amorcé, ils reprennent la position dans laquelle ils se trouvaient avant de s'asseoir sur le talon, portent la crosse en avant, en inclinant le canon le moins possible, et mettent la cartouche dans le canon dans cette position.

de remplacement et les hommes du second rang reprennent leur place quand l'instructeur fait porter les armes.

ARTICLE VII.

POSITIONS DU TIREUR DEBOUT, A GENOU ET COUCHÉ.

POSITION DU TIREUR DEBOUT.

104. Les armes étant supposées chargées et les hommes étant au port d'armes, l'instructeur commande :

1. *Position du tireur debout.*
2. *Peloton —* ARMES.

Un temps et trois mouvements.

Premier mouvement.

105. Elever l'arme avec la main droite, la saisir avec la main gauche, faire un demi à droite, se fendre en même temps à 30 centimètres en arrière et à 25 sur la droite, la pointe du pied un peu rentrée.

Deuxième mouvement.

106. Abattre l'arme avec les deux mains, la crosse sous l'avant-bras droit, la main droite à la poignée, la main gauche tenant le bois sans toucher le canon, le bout du canon à hauteur de l'épaule ; placer le pouce

de la main droite sur la crête du chien, les autres doigts en arrière et contre la sous-garde, le coude légèrement élevé.

Troisième mouvement.

107. Armer et saisir l'arme à la poignée, avec la main droite, le premier doigt allongé le long du pontet.

108. Si les hommes sont reposés sur les armes, ils prennent de la même manière la position du tireur debout; mais au premier temps, en faisant le demi à droite, ils élèvent vivement l'arme de la main droite, la ressaisissent de la main gauche, et descendent la main droite à la poignée.

109. Les hommes étant à la position du tireur debout, l'instructeur commande :

1. *A tant de mètres.*

110. A ce commandement, les hommes disposent la hausse.

2. Joue.

Un temps et un mouvement.

111. Elever l'arme des deux mains sans brusquer le mouvement, avancer l'épaule droite, appuyer fortement la crosse dans le creux de l'épaule, le coude gauche abattu, le droit à hauteur de l'épaule; viser dans cette position, en inclinant le moins possible la tête à droite et en avant; la deuxième phalange du premier doigt de la main droite en avant et contre la détente.

3. Feu.

Un temps et un mouvement.

112. Faire partir le coup, en achevant de fermer le doigt sans effort, la tête et le corps restant immobiles.

POSITION DU TIREUR A GENOU.

113. Les armes étant supposées chargées, et les hommes étant au port d'armes, l'instructeur commande :

1. *Position du tireur à genou.*
2. *Peloton* — ARMES.

Un temps et trois mouvements.

Premier mouvement.

114. Faire un demi à droite; porter le milieu du pied droit à environ 30 centimètres en arrière et à 15 centimètres à gauche du talon gauche, suivant la taille de l'homme; saisir en même temps le fourreau de la baïonnette et le ramener en avant.

Deuxième mouvement.

115. Mettre le genou droit à terre, poser la crosse à terre sans frapper, s'asseoir sur le talon gauche; placer le fourreau le bout en avant, saisir l'arme avec la main gauche et l'empoigner avec la main droite à la poignée.

Troisième mouvement.

116. Abattre l'arme, l'avant-bras gauche

4

appuyé sur la cuisse gauche, la crosse touchant la cuisse droite ; armer et saisir l'arme à la poignée, le premier doigt allongé le long du pontet.

117. Si les hommes sont reposés sur les armes, ils prennent cette position de la même manière, mais la crosse reste appuyée à terre pendant les deux premiers mouvements.

118. Pour mettre en joue dans cette position, les hommes font glisser l'arme dans la main gauche, jusqu'à ce que cette main embrasse le pontet ; ils appuient le coude gauche près du genou, et se conforment pour le reste à ce qui a été prescrit.

119. Quand l'instructeur veut faire quitter la position du tireur debout ou à genou, il commande :

1. *Portez.*

120. A ce commandement, les hommes désarment et redressent vivement l'arme, s'ils sont à genou.

2. ARMES.

121. A ce commandement, les hommes reprennent la position du port d'arme.

122. Les hommes étant à la position de *Joue*, si l'instructeur ne veut pas faire exécuter le feu, il commande :

Replacez — ARMES.

Les hommes reprennent aussitôt la position qu'ils avaient avant le commandement de *Joue*.

POSITION DU TIREUR COUCHÉ.

123. Pour prendre cette position, les hommes se couchent sur le ventre, les deux coudes servant d'appui et rapprochés le plus possible.

OBSERVATIONS.

124. Quand les hommes sont armés du fusil à baguette, ils tiennent, dans la position du tireur debout, l'arme avec la main gauche au dessous de la capucine.

126. Au commandement de *A 400 mètres*, ils placent le pouce plié sur le canon et visent au commandement de JOUE par le sommet de l'articulation placé exactement sur le milieu du canon. Au commandement de *A 600 mètres*, ils relèvent le pouce et visent au commandement de JOUE par le sommet de l'angle, élevé au dessus du milieu du canon d'une hauteur égale à la longueur de l'étui à cartouche.

127. Quand on exerce les hommes sur deux rangs aux positions du tireur, les hommes du second rang appuient de 10 centimètres à droite au premier commandement, et se remettent à leurs places après l'exécution du mouvement de *Portez vos armes*.

ARTICLE VIII.

FEUX.

FEU DE PELOTON.

128. Les soldats étant au port d'arme ou reposés sur les armes, l'instructeur commande:

1 *Feu de peloton.*
2 *A (tant) de mètres.*
3 COMMENCEZ LE FEU.

129. Au premier commandement, le chef de peloton, sortant de son créneau, se porte vivement derrière le centre de son peloton à 4 pas des serre-files ; le sous-officier de remplacement recule sur l'alignement des serre-files vis-à-vis son créneau, et les hommes du second rang appuient de 10 centimètres à droite.

130. Au second commandement, le chef de peloton commande :

1 *Feu de peloton.*
2 *A (tant) de mètres.*
3 JOUE.
4 FEU.
5 CHARGEZ.

131. Ces divers commandements s'exécutent comme il a été prescrit.

132. Le chef de peloton fait continuer le feu par les commandements suivants :

1. *Peloton*.
2. JOUR.
3. FEU.
4. CHARGEZ.

133. L'instructeur fait cesser le feu par un roulement ou la sonnerie de *Cessez le feu*. A ce signal, les hommes cessent de tirer, chargent leurs armes et les portent.

134. L'instructeur fait suivre le roulement d'un coup de baguette ou d'un coup de langue, lorsque tous les soldats ont porté les armes; à ce signal, le chef de peloton, le sous-officier de remplacement et les hommes du second rang se remettent à leurs places.

FEU A VOLONTÉ.

135. L'instructeur commande :

1. *Feu à volonté*.
2. *Peloton* — ARMES.
3. *A (tant) de mètres*.
4. COMMENCEZ LE FEU.

136. Les trois premiers commandements s'exécutent comme dans le feu de peloton.

137. Au quatrième commandement, les hommes se mettent à tirer sans se régler les uns sur les autres, et continuent jusqu'au roulement.

138. Au coup de baguette, chacun reprend sa place dans le peloton.

FEU DE PELOTON À GENOU.

139. L'instructeur commande :

1. *Feu de peloton à genoux.*
2. *À (tant) de mètres.*
3. COMMENCEZ LE FEU.

140. Au premier commandement, on exécute ce qui a été prescrit pour le feu de peloton debout.

141. Au troisième commandement, le chef de peloton commande.

1. *Peloton* — ARMES.
2. *À (tant) de mètres.*
3. JOUE.
4. FEU.
5. CHARGEZ.

142. Au commandement de *Armes*, les hommes prennent la position du tireur à genou.

143. Les autres commandements s'exécutent comme il a été prescrit.

144. Au roulement, les hommes cessent de tirer, chargent leurs armes, les désarment et les redressent.

145. Au coup de baguette, le chef de peloton et le sous-officier de remplacement se remettent à leurs places ; les hommes se relèvent, portent les armes et se remettent derrière leur chef de file.

FEU A VOLONTÉ A GENOU.

146. L'instructeur commande :

1. *Feu à volonté à genou.*
2. *Peloton* — ARMES.
3. *A (tant) de mètres.*
4. COMMENCEZ LE FEU.

147. A tous ces commandements, ainsi qu'aux signaux du roulement et du coup de baguette, ou exécute ce qui a été prescrit.

OBSERVATIONS.

148. L'instructeur recommande aux hommes le plus grand calme et le plus grand sang-froid dans les feux. Il s'attache surtout à leur faire comprendre que le temps employé à viser n'est pas du temps perdu, et qu'un petit nombre de coups bien tirés sont sur l'ennemi d'un effet moral et matériel bien supérieur à une grêle de balles qui lui sifflent aux oreilles sans l'atteindre.

149. Dans les feux de peloton, le commandement de *A (tant) de mètres* n'est répété que lorsqu'il est utile de rectifier la hausse. Dans les feux à volonté, les hommes changent eux-mêmes la hausse à mesure que le but s'éloigne ou se rapproche.

150. Dans les feux de peloton, le commandement de *Feu* est fait trois secondes après celui de *Joue.*

151. Dans les feux à genou, les serre-files se mettent à genou; l'officier qui commande reste debout, si cela est possible.

152. S'il est utile de faire un feu de quatre rangs, on place deux pelotons, l'un derrière l'autre, à distance de rang; le premier tire à genou, et le second debout; les serre-files des deux pelotons se placent derrière le quatrième rang.

154. Dans les feux simulés, les commandements de « roulement » et de « coup de baguette » faits par l'instructeur remplacent les signaux correspondants.

ARTICLE IX.

LE PELOTON ÉTANT FACE PAR LE PREMIER RANG, LE METTRE FACE PAR LE SECOND, ET RÉCIPROQUEMENT.

155. L'instructeur commande :

1. *Face par le second rang.*
2. *Peloton.*
3. DEMI-TOUR — A DROITE.

156. Au premier commandement, le chef de peloton, sortant de son créneau, se place face et contre la file de droite de son peloton; le sous-officier de remplacement et les serre-files traversent vivement par le créneau du

chef de peloton, et se placent, le sous-officier de remplacement à un pas derrière le
chef de peloton, et les serre-files à deux pas
du premier rang, vis-à-vis leurs places de
bataille.

157. Au troisième commandement, qui
est fait de manière que le peloton se trouve
face par le second rang au moment où le dernier serre-file traverse le créneau du chef de
peloton, le peloton fait demi-tour; le chef
de peloton se porte dans son créneau au second rang, devenu premier, et le sous-officier
de remplacement se place derrière lui.

158. Le peloton fait face par le premier
rang exactement de la même manière; l'instructeur commande *Face par le premier
rang*, au lieu de *Face par le second rang*.

159. Le peloton étant face par le second
rang, l'instructeur le fait marcher, et lui fait
exécuter les feux d'après les mêmes principes
et par les mêmes commandements que s'il
était face par le premier rang.

160. Si le peloton, au lieu d'être en bataille, fait partie d'une colonne, le chef de
peloton se porte devant le second rang en
passant par la gauche du peloton, les serre-
files se portent derrière le premier rang en
passant par la droite; les guides, après avoir
fait demi-tour, se placent au second rang.

TITRE III

EXTRAITS DE L'ÉCOLE DE BATAILLON.

PRINCIPES GÉNÉRAUX.

1. Les hommes portent d'eux-mêmes l'arme sur l'épaule au commandement de *Marche*, et ils prennent au commandement de *Halte* la position du soldat reposé sur l'arme. Les à droite, les à gauche, les demi-tour et les alignements peuvent être exécutés l'arme au pied.

2. On n'emploie le pas gymnastique que dans des cas exceptionnels.

3. Pendant l'instruction, le chef de bataillon se porte où il juge sa présence nécessaire.

4. L'adjudant et l'adjudant-major sont chargés de la direction et du placement des guides; ils rectifient, s'il est nécessaire, leur position, mais sans les toucher.

5. Quand, après l'exécution d'un mouvement, le chef de bataillon commande : *Drapeau et guides généraux à vos places,* —

ou bien : *Guides à vos places*, tous les officiers et sous-officiers qui ne sont pas à leur place de bataille s'y portent vivement.

6. Lorsque le drapeau et les guides généraux sont établis pour déterminer une direction, le porte-drapeau porte son drapeau verticalement entre les yeux, et les guides généraux élèvent leur arme verticalement entre les yeux, la crosse en l'air.

7. Ce titre est divisé en seize articles.

ARTICLE I. Le bataillon étant face par le premier rang, le mettre face par le second rang, et réciproquement.

— II. Alignements.

— III. Maniement des armes et charge à volonté.

— IV. Feux.

— V. Passer de l'ordre en bataille à l'ordre en colonne par les ploiements.

— VI. Changements de direction d'une colonne par le flanc des pelotons.

— VII. Contre-marche.

— VIII. Passer de l'ordre en colonne à l'ordre en bataille par les déploiements.

— IX. Marcher en colonne et exécuter

tous les mouvements dépendant de cette marche.

Article X.   Marcher en bataille et exécuter tous les mouvements dépendant de cette marche.

—   XI.   Marcher par le flanc.

—   XII.   Ordre de route.

—   XIII.   Dispositions contre la cavalerie.

—   XIV.   Manœuvres du bataillon avec tirailleurs.

—   XV.   Ralliement.

—   XVI.   Mouvements irréguliers.

ARTICLE 1.

LE BATAILLON ÉTANT FACE PAR LE PREMIER RANG, LE METTRE FACE PAR LE SECOND, ET RÉCIPROQUEMENT.

8. Le chef de bataillon commande :

1. *Face par le second rang.*
2. *Bataillon.*
3. DEMI-TOUR — A DROITE.

9. Au premier commandement, on se conforme dans les pelotons à ce qui a été prescrit; le sous-officier d'encadrement recule au second rang. L'adjudant-major, l'adjudant,

les tambours et les clairons se portent derrière le premier rang , vis-à-vis leurs places
de bataille , en passant par le flanc du bataillon le plus rapproché.

10. Au troisième commandement, on se
conforme dans les pelotons à ce qui a été
prescrit.

11. Si le bataillon est en colonne , le bataillon fait face par le second rang d'après
les principes prescrits (titre II , n° 160).
L'adjudant-major se porte à hauteur du peloton de la tête, et l'adjudant, à hauteur du
peloton de la queue.

12. Le chef de bataillon remet le bataillon
par le premier rang, par les mêmes commandements, en substituant l'indication de premier rang à celle de second rang; le mouvement s'exécute d'après les mêmes principes.

ARTICLE II.

ALIGNEMENTS.

13. Le bataillon étant en bataille, lorsque
le chef de bataillon veut faire prendre un
alignement parallèle ou oblique, il se porte
à l'une des ailes pour déterminer la ligne de
bataille, et commande :

1. *Drapeau et guides généraux sur la
ligne.*

14. A ce commandement, le drapeau et les guides généraux se portent sur la ligne et font face au chef de bataillon qui assure d'un signe de son épée le guide général de son côté et le porte-drapeau sur la direction qu'il a choisie. Aussitôt qu'ils y sont correctement établis, l'adjudant-major ou l'adjudant y assure l'autre guide général.

15. Cette disposition étant prise, le chef de bataillon commande :

1. Guides sur la ligne.

16. A ce commandement, les guides du côté opposé au drapeau dans chaque demi-bataillon se portent sur la ligne, chacun d'eux vis-à-vis le point où doit appuyer la droite ou la gauche de son peloton ; ils s'alignent sur le porte-drapeau et le guide général qui est devant eux.

17. Les chefs de pelotons se portent au flanc de leurs pelotons du côté du drapeau, à l'exception du chef de peloton du drapeau, qui se porte à hauteur de la dernière file de son peloton, face au drapeau sur l'alignement des guides.

18. L'adjudant-major rectifie rapidement la position des guides du demi-bataillon de droite, et l'adjudant, celle des guides du demi-bataillon de gauche ; ce qui étant exécuté, le chef de bataillon commande :

2. Sur le centre — ALIGNEMENT.

19. A ce commandement, les pelotons se

portent contre les guides ; chaque chef de peloton aligne son peloton et commande : *Fixe.*

20. Le bataillon étant aligné, le chef de bataillon commande :

3. *Drapeau et guides généraux, à vos places.*

ARTICLE III.

MANIEMENT DES ARMES ET CHARGE A VOLONTÉ.

21. Le chef de bataillon commande le maniement des armes comme il a été prescrit.

22. Les sous-officiers et le porte-drapeau prennent la position du soldat reposé sur l'arme.

23. Pour faire reposer le bataillon, le chef de bataillon commande : REPOS.

24. Pour faire former les faisceaux et rompre les rangs, le chef de bataillon commande :

1. *Formez* — FAISCEAUX.
2. *Rompez vos rangs.*
3. MARCHE.

25. Quand le chef de bataillon veut faire cesser le repos, il fait faire un roulement très-court pendant lequel le bataillon se forme derrière les faisceaux. Le roulement étant

fini, le chef de bataillon fait rompre les faisceaux et commande :

Bataillon.

26. A ce commandement, le bataillon reprend la position et l'immobilité.

CHARGE A VOLONTÉ.

27. L'instructeur fait exécuter la charge à volonté comme il a été prescrit.

ARTICLE IV.

FEUX.

28. Un bataillon exécute des feux de peloton, de demi-bataillon, de bataillon, et des feux à volonté debout et à genou.

29. Dans les feux, on exécute au premier commandement ce qui a été prescrit.

30. Le sous-officier d'encadrement recule sur l'alignement des serre-files.

31. Le chef de bataillon fait cesser le feu par un roulement qui est suivi d'un coup de baguette ; à ce dernier signal, chacun reprend sa place dans le bataillon.

FEU DE PELOTON DEBOUT.

32. Le feu de peloton est exécuté alternativement par les deux pelotons de chaque

division, le peloton impair tirant le premeir. Chaque chef de peloton a soin de ne faire son premier commandement que lorsque l'autre peloton de sa division a fait feu.

33. Le chef de bataillon commande :

1. *Feu de peloton.*
2. *A (tant) de mètres.*
3. COMMENCEZ LE FEU.

34. Au commandement de *Commencez le feu*, les chefs des pelotons impairs commandent :

1. *(Tel) peloton* — ARMES.
2. *A (tant) de mètres.*
3. JOUE.
4. FEU.
5. CHARGEZ.

35. Les chefs de pelotons pairs font à leur tour les mêmes commandements.

FEU DE DEMI-BATAILLON DEBOUT.

36. Le chef de bataillon commande :

1. *Feu de demi-bataillon.*
2. *Bataillon* — ARMES.
3. *Demi-bataillon de droite.*
4. *A (tant) de mètres.*
5. JOUE.
6. FEU.
7. CHARGEZ.

37. Le chef de bataillon fait tirer alternativement les deux demi-bataillons.

38. Au premier commandement, les chefs de pelotons rappellent à leurs pelotons qu'ils font partie du demi-bataillon de droite ou du demi-bataillon de gauche.

FEU DE BATAILLON DEBOUT

39. Le chef de bataillon commande :

1. *Feu de bataillon.*
2. *Bataillon* — ARMES.
3. *A (tant) de mètres.*
4. JOUE.
5. FEU.
6. CHARGEZ.

FEU A VOLONTÉ A GENOU.

40. Le chef de bataillon commande :

1. *Feu à volonté.*
2. *Bataillon* — ARMES.
3. *A (tant) de mètres.*
4. COMMENCEZ LE FEU.

41. Les pelotons exécutent ce feu comme s'ils étaient isolés.

FEUX DANS LA POSITION A GENOU.

42. Les feux à genou s'exécutent d'après les mêmes règles que les feux debout. Le

chef de bataillon fait suivre le premier commandement de l'indication *A genou.*

FEUX PAR LE SECOND RANG.

43. Les feux par le second rang s'exécutent
d'après les mêmes principes et par les mêmes
commandements que les feux par le premier
rang.

OBSERVATION.

44. Dans les feux à commandement, on ne
répète pas l'indication de la distance lorsqu'elle ne doit pas changer. Après le premier
feu, le commandement de *Arme* est sup-
primé.

ARTICLE V.

PASSER DE L'ORDRE EN BATAILLE A L'ORDRE EN COLONNE PAR LES PLOIEMENTS.

PRINCIPES GÉNÉRAUX.

45. A moins d'ordre contraire, la direction d'une colonne serrée est toujours à
gauche.

46. Les chefs de pelotons, pour aligner
leurs pelotons, se placent par le flanc à deux
pas de la direction.

47. Quand on ploie le bataillon sur un

peloton des ailes, l'adjudant-major assure les guides de gauche sur la direction à mesure qu'ils y arrivent, en se plaçant en arrière de chacun d'eux. L'adjudant suit le mouvement à hauteur du dernier peloton. Quand on ploie sur un peloton de l'intérieur, l'adjudant-major assure les guides des pelotons placés en avant du peloton de base, et l'adjudant ceux des pelotons placés en arrière.

PLOYER LE BATAILLON EN COLONNE SUR LE PELOTON DE DROITE.

48. Le chef de bataillon commande :

1. *Colonne serrée par pelotons.*
2. *Sur le peloton de droite, la droite en tête.*
3. *Bataillon* — DROITE.
4. MARCHE.

49. Au deuxième commandement, les chefs de pelotons se portent devant le centre de leurs pelotons et les avertissent de ce qu'ils ont à faire.

50. Au troisième commandement, le peloton de base ne bouge pas, les autres font à droite; les chefs de peloton font déboîter les deux premières files en arrière.

51. Au commandement de *Marche*, les serre-files serrent à un pas du second rang, le guide de gauche du peloton de base se porte au flanc du peloton pour l'encadrer.

52. Les pelotons conduits par leurs chefs se mettent en marche pour prendre rang dans la colonne ; le peloton voisin du peloton de base gagne perpendiculairement en arrière l'espace de six pas, puis se redresse de manière à entrer dans la colonne parallèlement à ce peloton ; les autres pelotons se dirigent diagonalement vers le point où ils doivent prendre rang dans la colonne ; arrivés à cinq ou six pas du flanc de la colonne, ils se redressent pour y entrer parallèlement au peloton qui précède.

53. Le chef de chaque peloton, arrivé à hauteur de la gauche du peloton de base, s'arrête, laisse filer son peloton, et commande, au moment où la dernière file l'a dépassé : 1. (*Tel*) *peloton*. 2. Halte. 3. Front. 4. *A gauche* — Alignement. Au commandement de *Halte*, le guide de gauche se place promptement sur la direction à six pas du guide qui est devant lui. Le chef de peloton dirige l'alignement de son peloton.

54. Le chef de bataillon commande :

1. *Colonne serrée par pelotons*.
2. *Sur le peloton de droite la gauche en tête*.
3. *Bataillon* — A gauche.
4. Marche.

55. Ce mouvement s'exécute d'après les mêmes principes que le précédent, en tenant compte des différences suivantes :

Les chefs de pelotons conduisent leurs pelotons en avant du peloton de base jusqu'au flanc gauche de la colonne ; les guides font demi-tour pour se placer sur la direction ; le chef de bataillon commande quand le mouvement est terminé :

Guides, DEMI-TOUR — A DROITE.

PLOYER LE BATAILLON SUR LE PELOTON DE GAUCHE.

56. On ploie le bataillon en arrière et en avant du peloton de gauche d'après les mêmes principes et par les mêmes commandements, en substituant l'indication *Sur le peloton de gauche* à celle *Sur le peloton de droite*, et le commandement *A gauche* à celui de *A droite*.

PLOYER LE BATAILLON SUR UN PELOTON DE L'INTÉRIEUR.

57. Le chef de bataillon commande, par exemple :

1. *Colonne serrée par pelotons.*
2. *Sur le troisième peloton la droite en tête.*
3. *Bataillon* — A GAUCHE, A DROITE.
4. MARCHE.

58. Dans le troisième commandement, la première indication de *A gauche* se rapporte aux pelotons placés à droite du peloton de

— 59 —

base, et la deuxième indication de *A droite*
aux pelotons placés à gauche.

59. Les pelotons de droite se placent en
avant du peloton de base, et les pelotons de
gauche en arrière, en se conformant aux
principes prescrits.

ARTICLE VI.

CHANGEMENTS DE DIRECTION D'UNE COLONNE
PAR LE FLANC DES PELOTONS.

60. Le chef de bataillon indique à l'adjudant-major la nouvelle direction qui peut être
parallèle ou oblique. L'adjudant-major place
aussitôt deux jalonneurs face au point d'appui
sur la ligne que doit occuper le peloton de la
tête.

61. Cela fait, le chef de bataillon commande :

1. *Changement de direction par le
   flanc droit.*
2. *Bataillon* — DROITE.
3. MARCHE.

62. Au commandement de *Marche*, les
pelotons se mettent en marche tous ensemble ; le guide du peloton de la tête se dirige parallèlement aux jalonneurs ; le chef de
ce peloton le laisse filer, et aussitôt que le
guide de gauche l'a dépassé, il commande :

1. (*Tel*) *peloton*. 2. HALTE. 3. FRONT. 4. *A droite* — ALIGNEMENT ; puis il dirige l'alignement de son peloton contre les jalonneurs.

63. Les autres pelotons entrent dans la colonne de la même manière que dans le mouvement de ployer le bataillon, et y sont alignés d'après les mêmes principes.

L'adjudant-major assure les guides sur la direction en se mettant en avant du guide de la tête ; l'adjudant suit le mouvement à hauteur du dernier peloton.

ARTICLE VII.

CONTRE - MARCHE.

64. Le chef de bataillon commande :

1. *Contre-marche.*
2. *Bataillon* — A DROITE, A GAUCHE.
3. *Par file à gauche et par file à droite.*
4. MARCHE.

65. Au premier commandement, les chefs des pelotons impairs avertissent leurs pelotons qu'ils doivent faire *A droite*, et les chefs des pelotons pairs qu'ils doivent faire *A gauche*.

66. Au deuxième commandement, les pelotons font à droite et à gauche ; leurs chefs font déboiter en arrière les deux premières files.

Au commandement de *Marche*, tous les pelotons conduits par leurs chefs partent vivement; les guides ne bougent pas; les pelotons conversent les uns par file à droite, les autres par file à gauche autour de leurs guides, et se dirigent de manière à arriver à deux pas en arrière des guides opposés; lorsque les pelotons arrivent à hauteur de ces guides, leurs chefs les arrêtent et leur font faire front.

67. Les pelotons ayant fait front, leurs chefs les alignent entre les deux guides du côté où la colonne avait la direction, c'est-à-dire à droite si la direction était à gauche, et à gauche si elle était à droite.

Chaque peloton étant aligné, son chef commande : FIXE; à ce commandement les guides reprennent leurs places.

ARTICLE VIII.

PASSER DE L'ORDRE EN COLONNE A L'ORDRE EN BATAILLE PAR LES DÉPLOIEMENTS.

PRINCIPES GÉNÉRAUX.

68. Une colonne serrée se forme en bataille par le déploiement : 1° en avant; 2° en arrière après une contre-marche; 3° à droite après un changement de direction par le flanc; 4° à gauche par le même moyen.

69. Quand le chef de bataillon veut dé-

ployer le bataillon, il indique à l'adjudant-major le point d'appui et la direction. L'adjudant-major établit immédiatement, sur la direction et face au point d'appui, deux jalonneurs, dont l'un est placé exactement au point où doit appuyer la première file du peloton de base, et l'autre vis-à-vis une des trois dernières files du même peloton. Si l'on déploie sur l'une des ailes, le guide général opposé se porte sur le prolongement des jalonneurs au delà du point où doit appuyer l'aile de son demi-bataillon; si le déploiement se fait à droite et à gauche, les deux guides généraux jalonnent la ligne.

70. Dans les déploiements, les chefs de peloton arrêtent leurs pelotons à trois pas de la ligne; au commandement de *Halte*, dans chaque peloton le guide opposé au point d'appui se porte sur la ligne face au point d'appui et se place de manière à correspondre à l'une des trois dernières files de son peloton. Il est assuré dans cette position par l'adjudant-major, qui se porte successivement derrière chacun des guides.

71. Si le déploiement se fait sur un peloton de l'intérieur, l'adjudant-major assure les guides des pelotons placés en avant du peloton de base, et l'adjudant, les guides des pelotons placés en arrière.

72. Le peloton de base est aligné du côté du point d'appui s'il se trouve à l'une des ailes, et du côté où la colonne avait le

guide s'il se trouvait dans l'intérieur de la colonne.

73. Pour aligner leurs pelotons, les chefs de pelotons se placent à côté de la dernière file du peloton déjà établi, et attendent que leur guide soit bien placé sur la ligne pour faire le commandement d'*Alignement*.

74. Quand le déploiement a lieu sur un peloton de l'intérieur, le chef de ce peloton recule au second rang pour faire place au chef du peloton voisin.

75. Les déploiements se faisant toujours carrément, si la colonne n'est pas placée à trois pas des jalonneurs, le chef de bataillon l'y amène par un changement de direction par le flanc, par une marche directe, par un changement de direction en marchant, ou par ces différents mouvements combinés.

DÉPLOYER LA COLONNE SUR LE PELOTON DE LA TÊTE.

76. Le chef de bataillon, après avoir fait jalonner la ligne, commande :

1. *Sur le peloton de tête vers la gauche déployer la colonne.*
2. *Bataillon* — GAUCHE.
3. MARCHE.

77. Au deuxième commandement, le peloton de base ne bouge pas; les autres sont

à gauche; l'adjudant-major se porte à distance de peloton vers la gauche.

78. Au commandement de *Marche*, le chef du peloton de la tête aligne son peloton contre les jalonneurs. Les autres marchent par le flanc parallèlement à la ligne de bataille.

79. Le chef du peloton voisin laisse filer son peloton, et commande : 1. *(Tel) peloton par le flanc droit*. 2. MARCHE. 3. *Guide à droite*, en ayant soin de faire le commandement de *Marche* au moment où le guide de gauche arrive à sa hauteur.

80. Le guide se dirige de manière à arriver à côté de l'homme de gauche du peloton déjà établi; le chef de peloton marche devant le centre de son peloton et l'établit sur la ligne de bataille.

81. Le chef du peloton qui suit s'arrête à hauteur du guide du peloton qui précède lorsque ce peloton fait par le flanc droit; il se conforme ensuite à ce qui a été prescrit pour ce peloton.

82. Tous les autres chefs de peloton se conforment aux mêmes principes.

83. Le déploiement étant achevé, le chef de bataillon commande :

Guides — A VOS PLACES.

84. Une colonne se déploie vers la droite d'après les mêmes principes et par les

mêmes commandements, en substituant l'indication de *A droite* à celle de *A gauche*.

DÉPLOYER LA COLONNE SUR LE PELOTON DE LA QUEUE.

85. Le chef de bataillon, après avoir fait jalonner la ligne, commande :

1. *Sur le peloton de queue vers la droite deployer la colonne.*
2. *Bataillon* — DROITE.
3. MARCHE.

86. Au deuxième commandement, le peloton de base ne bouge pas; les autres font à droite. Au commandement de *Marche*, les pelotons qui ont fait à droite se mettent en marche. Le chef du peloton qui était devant le peloton de base laisse filer son peloton, l'arrête et lui fait faire front, au moment où son guide de gauche arrive à sa hauteur par les commandements de : 1. *(Tel) peloton.* 2. HALTE. 3. FRONT; puis il le porte en ligne par le commandement de : 1. *(Tel) peloton en avant.* 2. *Guide à gauche.* 3. MARCHE.

87. Au moment où il arrête son peloton, le chef du peloton voisin laisse filer son peloton et se conforme à ce qui vient d'être prescrit, et ainsi de suite jusqu'au peloton de la tête.

88. Le déploiement étant achevé, le chef de bataillon commande :

Guides — A VOS PLACES.

6*

89. Une colonne se déploie vers la gauche d'après les mêmes principes et par les mêmes commandements en substituant l'indication de *A gauche* à celle de *A droite*.

DÉPLOYER LA COLONNE SUR UN PELOTON DE L'INTÉRIEUR.

90. Le chef de bataillon, ayant fait jalonner la ligne, commande, par exemple :

1. *Sur le troisième peloton vers la droite et vers la gauche déployer la colonne.*
2. *Bataillon* — à DROITE à GAUCHE.
3. MARCHE.

91. La première des indications vers la droite et vers la gauche concerne toujours les pelotons placés en avant du peloton de base, et la seconde les pelotons placés en arrière.

92. Les pelotons se déploient à droite et à gauche d'après les principes prescrits.

OBSERVATION.

93. Afin d'éviter les inversions de numéros, on déploie les colonnes la droite en tête vers la gauche sur le peloton de la tête et vers la droite sur le peloton de la queue. On déploie dans le même but les colonnes la gauche en tête de manière inverse.

ARTICLE IX.

MARCHER EN COLONNE ET EXÉCUTER LES MOUVEMENTS DÉPENDANTS DE CETTE MARCHE.

MARCHER EN COLONNE.

94. Le chef de bataillon donne un point de direction au guide de la tête et commande :

1. *Colonne en avant.*
2. *Guide à droite.*
3. MARCHE.

95. Au commandement de *Marche* vivement répété par les chefs de peloton, les guides et les hommes partent vivement du pied gauche. Le guide de la tête marche dans la direction en prenant des points à terre ; les autres guides marchent exactement dans ses traces et conservent bien leur distance de six pas.

96. L'adjudant-major marche à hauteur du peloton de la tête, et veille à ce que le guide de la tête ne s'écarte pas de la direction.

97. L'adjudant marche à hauteur du peloton de la queue et surveille les autres guides ; il ne rectifie cependant leurs écarts que lorsqu'ils sont considérables.

CHANGER DE DIRECTION EN COLONNE.

98. Si le guide n'est pas du côté de l'aile marchante, le chef de bataillon le fait prendre par le commandement de *Guide à droite* (ou *à gauche*).

99. Cela fait, il commande ensuite, par exemple :

    1. *Bataillon à droite conversion.*
    2. MARCHE.

100. Au commandement de *Marche*, le premier peloton converse comme s'il était isolé. Les autres pelotons se conforment à son mouvement ; à cet effet les hommes avancent l'épaule du côté du guide, gagnent du terrain de ce côté et allongent le pas. Les chefs de peloton, faisant face à leurs pelotons, surveillent le mouvement.

101. L'adjudant-major surveille le guide de la tête ; l'adjudant rectifie, s'il y a lieu, les fautes graves des autres guides. Quand le bataillon a suffisamment conversé, le chef de bataillon commande :

    1. *En avant.*
    2. MARCHE.

102. Au commandement de *Marche*, la colonne reprend la marche directe ; le guide de la tête prend des points à terre, droit devant lui.

103. Le chef de bataillon évite de faire

en une seule fois un changement complet de direction.

104. Le chef de bataillon commande :

1. *Colonne.*

2. HALTE.

105. Au commandement de *Halte* vivement répété par les chefs de peloton, la colonne s'arrête.

106. Lorsqu'une colonne doit se porter en arrière, le chef de bataillon lui fait d'abord faire face par le second, ou lui fait exécuter la contre-marche ; puis il la met en marche par les mêmes commandements et d'après les mêmes principes que pour la faire marcher en avant.

107. Si la distance à parcourir est peu considérable, le chef de bataillon commande :

1. *Bataillon.*

2. *Demi-tour* — A DROITE.

Ce qui est exécuté comme il a été prescrit (titre II, n°s 44 et 58) ; puis il met la colonne en marche comme dans le cas précédent.

108. Si le chef de bataillon veut faire exécuter le demi-tour en marchant, il commande :

1. *Bataillon demi-tour à droite.*

2. Marche.

3. *Guide à droite* (ou *à gauche*).

MARCHER EN COLONNE PAR LE FLANC.

109. Le chef de bataillon peut encore mettre la colonne par le flanc droit ou le flanc gauche, et la porter en avant par le commandement de :

1. *Bataillon en avant.*

2. Marche.

110. Les pelotons se conforment aux principes de la marche de flanc ; les chefs de peloton gardent leurs distances, du côté au peloton de la tête.

OBSERVATION.

111. Quand le bataillon est en colonne, les chefs de peloton répètent tous les commandements de *Marche* et de *Halte* que fait le chef de bataillon.

ARTICLE X.

MARCHER EN BATAILLE ET EXÉCUTER LES MOUVEMENTS DÉPENDANTS DE CETTE MARCHE.

112. Le chef de bataillon se porte à cinquante pas en arrière de la dernière file du

troisième peloton, sur la perpendiculaire au
bataillon, et assure sur cette ligne, d'un signe
de son épée, l'adjudant, qui s'est porté à
cinquante pas en avant du bataillon.

113. Aussitôt que l'adjudant est bien placé,
le chef de bataillon commande :

1. Bataillon en avant.

114. A ce commandement, les chefs de
peloton du second demi-bataillon se portent
au flanc de leurs pelotons opposé au drapeau ; le sous-officier d'encadrement recule
au second rang.

115. Le plus ancien capitaine de chaque
division en prend le commandement, et se
porte à deux pas devant le centre de sa
division ; il est remplacé dans son créneau
par son lieutenant.

116. Le porte-drapeau vient se placer
devant la dernière file du troisième peloton, prend des points à terre entre lui
et l'adjudant, et marche cinq pas en avant,
de manière à se trouver à six pas en avant
du bataillon ; le sous-officier de remplacement du quatrième peloton, qui s'est
effacé pour le laisser passer, se met dans son
créneau, au premier rang ; les deux guides
généraux se portent à six pas en avant des
ailes du bataillon.

117. L'adjudant-major se place à environ
dix pas des serre-files, derrière la dernière
file de gauche du troisième peloton ; le chef

de bataillon lui indique la direction à suivre. L'adjudant se porte à six ou huit pas, à droite ou à gauche du porte-drapeau, et à sa hauteur.

2. MARCHE.

119. A ce commandement, le bataillon part vivement ; le porte-drapeau marche dans la direction, au moyen de points à terre ; les guides généraux marchent à sa hauteur ; le caporal de gauche du troisième peloton marche exactement dans les traces du porte-drapeau ; l'adjudant-major veille sur lui et sur le porte-drapeau, qu'il remet dans la direction quand il s'en écarte.

120. Les chefs de peloton jettent de temps en temps un coup d'œil du côté du drapeau et ne se laissent pas déborder par leurs hommes ; le chef de la division du centre marche un peu à droite ou à gauche de la direction, pour ne pas la masquer, et maintient sa division bien perpendiculaire à cette ligne ; les autres chefs de division veillent à ce que leurs divisions se maintiennent sur l'alignement de la division du centre.

121. Lorsque le chef de bataillon juge nécessaire de modifier la direction, il commande :

Point de direction, plus à droite (ou à gauche).

122. A ce commandement, l'adjudant se porte à cinquante pas en avant du porte-drapeau, fait face au chef de bataillon, et se place sur la direction qu'il lui indique, d'un signe de son épée.

123. Les guides généraux se conforment à la nouvelle direction du porte-drapeau; les chefs de peloton et les pelotons se conforment à la nouvelle direction des guides généraux, en allongeant ou en raccourcissant le pas; les chefs de division surveillent leurs divisions.

CHANGER DE DIRECTION.

124. Le bataillon marchant en bataille, le chef de bataillon commande :

1. *Changement de direction à droite.*
2. MARCHE.

125. Au commandement de *Marche*, le guide général de droite pivote sur place; le drapeau se dirige circulairement à droite, en faisant le pas de trente-trois centimètres; le guide général de gauche se dirige circulairement à gauche, en faisant le pas de soixante-cinq centimètres; ils ont soin de n'avancer qu'insensiblement l'épaule gauche.

126. Les chefs de peloton et les pelotons se conforment au mouvement du drapeau et des guides généraux, en avançant insensiblement l'épaule gauche, et en faisant le pas d'autant plus petit qu'ils sont plus rapprochés du pivot; le tact des coudes reste au centre; les chefs de division surveillent le mouvement.

7

127. L'adjudant-major veille à ce que le caporal de gauche du troisième peloton fasse le pas de trente-trois centimètres; l'adjudant faisant face au drapeau surveille sa marche.

128. Quand le chef de bataillon veut faire reprendre la marche directe, il commande :

1. *En avant.*
2. MARCHE.

129. Au commandement de *Marche*, tout le bataillon reprend le pas de soixante-cinq centimètres; le chef de bataillon indique un point de direction au porte-drapeau.

ARRÊTER LE BATAILLON.

130. Le chef de bataillon commande :

1. *Bataillon.*
2. HALTE.

131. Au commandement de *Halte*, le bataillon s'arrête; et si le chef de bataillon ne veut pas faire reprendre la marche, il commande :

Drapeau et guides généraux — À VOS PLACES.

132. Le chef de bataillon fait alors rectifier l'alignement comme il a été prescrit (titre II, n° 14), ou fait prendre, s'il le juge à propos, un alignement général.

MARCHER EN RETRAITE.

133. Le chef de bataillon commande :

1. *Bataillon.*
2. Demi-tour — a droite.

134. Au deuxième commandement, le bataillon fait demi-tour ; le chef de bataillon se porte en même temps à cinquante pas en arrière de la file de gauche du troisième peloton, pour déterminer la direction, qu'il indique à l'adjudant-major.

135. Le bataillon exécute la marche en retraite d'après les mêmes principes et par les mêmes commandements que la marche en avant, avec cette différence que le drapeau et les guides généraux marchent à six pas, et les chefs de division à deux pas, en avant des serre-files.

136. Au commandement de *Bataillon en avant*, le sous-officier de remplacement du troisième peloton se porte au second rang devenu premier ; les autres sous-officiers de remplacement se portent sur l'alignement des serre-files, ainsi que le sous-officier d'encadrement, et sont remplacés au second rang par les chefs de peloton.

137. Trois des serre-files, les plus près du centre, se placent coude à coude derrière le porte-drapeau, pour servir de base d'alignement aux serre-files ; celui qui est au milieu marche exactement dans les traces du porte-drapeau.

Les chefs de division veillent sur l'alignement des serre-files de leurs divisions.

138. Le chef fait exécuter, en marchant en retraite, tout ce qui a été prescrit pour la marche en avant.

139. Le chef de bataillon, voulant faire cesser la marche, arrête le bataillon et lui fait faire demi-tour ; chacun reprend sa place de bataille.

140. Le bataillon étant en marche, en avant ou en retraite, le chef de bataillon peut commander :

    1. *Bataillon demi-tour à droite.*
    2. MARCHE.

141. Au commandement de *Marche*, le bataillon exécute le demi-tour en marchant ; chacun se conforme vivement aux principes prescrits pour la marche en retraite ou en avant.

142. Le bataillon, marchant en retraite, le chef de bataillon peut commander :

    1. *Bataillon demi-tour à droite.*
    2. HALTE.

PASSAGES D'OBSTACLES.

143. Le bataillon déployé marchant en bataille, lorsqu'un obstacle couvre un ou

plusieurs pelotons, le chef de bataillon fait passer l'obstacle en ordonnant aux chefs de ces pelotons de se porter en colonne derrière l'un des pelotons voisins, ce qui s'exécute d'après les principes des déploiements.

144. Dès que l'obstacle est passé, le chef de bataillon donne l'ordre aux chefs de peloton de faire rentrer leurs pelotons en ligne, ce qui s'exécute d'après les principes des déploiements.

145. Dans ces deux mouvements, les chefs de peloton font accélérer l'allure, et même prendre le pas gymnatique, si cela est nécessaire.

146. Lorsque le peloton du drapeau est obligé d'exécuter un passage d'obstacle, le porte-drapeau rentre à son peloton, et l'adjudant maintient la direction, en marchant à six pas en avant de l'extrémité du peloton, derrière lequel se trouve le peloton du porte-drapeau.

147. Dès que son peloton est rentré en ligne, le porte-drapeau se porte à six pas en avant, et le chef de bataillon l'assure sur la direction comme il a été prescrit (titre III, n° 122).

ARTICLE XI.

MARCHER PAR LE FLANC.

150. Le bataillon étant de pied ferme, pour le mettre par le flanc, le chef de bataillon commande :

Bataillon — A DROITE (OU A GAUCHE).

151. Pour faire passer le bataillon de la marche de front à la marche de flanc et réciproquement, le chef de bataillon commande :

    1. *Bataillon par le flanc droit (ou gauche)*.
    2. MARCHE.

152. Pour arrêter le bataillon marchant par le flanc et le remettre face en tête, le chef de bataillon commande :

    1. *Bataillon*.
    2. HALTE.
    3. FRONT.

153. Pendant la marche de flanc, on se conforme dans les pelotons à ce qui a été prescrit (titre II, article IV). L'adjudant-major et l'adjudant marchent à environ dix pas du bataillon, le premier à hauteur de la tête, le second à hauteur du centre. Les chefs de pelotons et les serre-filles veillent avec soin à ce que les files ne s'ouvrent pas.

ARTICLE XII

ORDRE DE ROUTE.

154. Au moment du départ, le chef de bataillon met son bataillon par le flanc droit ou le flanc gauche, puis il commande :

Doublez les pelotons.

155. A cet avertissement, les pelotons divisionnaires doublent exactement comme les hommes dans le rang ; les pelotons pairs, à la droite et à côté des pelotons impairs, si l'on est par le flanc droit, et les pelotons impairs, à gauche et à côté des pelotons pairs, si l'on est par le flanc gauche.

156. Cette disposition prise, le chef de bataillon commande :

1. *Bataillon en avant.*
2. *Pas de route.*
3. MARCHE.

157. Au commandement de *Marche*, les hommes prennent le pas de route, marchent à leur aise dans les files et portent l'arme à volonté.

158. Les guides de la tête des pelotons divisionnaires conservent bien, pendant la marche, la distance de division, qui les sépare des guides de la tête de la division qui précède.

159. L'adjudant-major marche à hauteur

de la tête et règle la marche; l'adjudant marche à hauteur de la queue.

160. Si le bataillon rencontre un passage trop étroit pour contenir deux pélotons contigus, les chefs des pélotons de la tête commandent :

1. *Pas accéléré.*
2. MARCHE.

161. Au commnadement de *Marche*, les hommes prennent le pas accéléré; les serre-files font serrer les files.

162. Au moment où la division arrive à l'entrée du passage, le peloton qui n'a pas doublé s'y engage, l'autre marque le pas et se met à sa suite.

163. Dès que le passage est franchi, le peloton qui est en tête marque le pas, et se remet en marche dès que le peloton divisionnaire est à sa hauteur; les deux chefs de peloton commandent alors :

1. *Pas de route.*
2. MARCHE.

164. Pour passer de l'ordre de route à l'ordre en colonne, le chef de bataillon commande :

Formez la colonne.

165. A cet avertissement, les pelotons viennent, deux à deux, se placer en colonne derrière les deux pelotons de la tête qui

ont fait front au commandement de leurs
chefs.

166. Pour passer de l'ordre en colonne à
l'ordre de route, le chef de bataillon met
d'abord son bataillon par le flanc droit ou
le flanc gauche, puis il commande :

En route.

167. A cet avertissement, les deux pelotons de droite ou de gauche partent au pas de
route, au commandement de leurs chefs ;
les autres suivent deux à deux, à distance
de peloton.

168. Si, après avoir dédoublé les pelotons,
le passage devient trop étroit pour contenir
quatre hommes de front, les chefs de peloton font dédoubler les files par le commandement de : 1. *Dédoublez les files.* 2. MARCHE ;
ils les font doubler de nouveau, dès que cela
est possible, par le commandement de :
1. *Doublez les files.* 2. MARCHE.

Si le bataillon rencontre un obstacle qui
peut retarder sa marche, le chef de bataillon
fait former la colonne à quelques pas de
l'obstacle, et le fait franchir successivement
par les pelotons, qui vont reformer la colonne de l'autre côté. Aussitôt que la colonne
est reformée, le chef de bataillon la remet
en route, comme il vient d'être prescrit.

169. Le bataillon ayant fait halte et front,
le chef de bataillon commande :

Dédoublez les pelotons.

À cet avertissement, les pelotons qui ont doublé font par le flanc, au commandement de leurs chefs, et rentrent en ligne par un déploiement.

170. Quand un bataillon isolé voyage loin de l'ennemi, le chef de bataillon lui fait prendre la disposition suivante :

Le premier rang doublé d'un côté de la route, le second rang doublé de l'autre côté, le milieu de route restant libre ; un sous-officier en tête de chaque rang ; les serre-files échelonnés entre les deux rangs ; les officiers à hauteur de leurs compagnies.

ARTICLE XIII.

DISPOSITIONS CONTRE LA CAVALERIE.

171. L'emploi des feux étant le moyen le plus efficace pour repousser la cavalerie, un bataillon ne prend une formation fermée qu'en cas d'absolue nécessité.

Si le bataillon est en bataille, le chef de bataillon peut faire doubler les pelotons comme il a été indiqué aux feux de quatre rangs (titre II, n° 152), ou ployer le bataillon en colonne.

172. Les pelotons ayant doublé, les serre-files se groupent aux deux flancs des pelotons, qui peuvent ainsi exécuter des feux de

quatre rangs, en avant ou en arrière, et des feux de deux rangs, dans les deux directions à la fois.

173. Le bataillon étant en colonne, le chef de bataillon l'arrête s'il est en marche, et commande :

1. *Colonne contre la cavalerie.*
2. MARCHE.

174. Au premier commandement, le chef du peloton de la tête l'avertit qu'il ne doit pas bouger, et se porte derrière son peloton. Le chef du dernier peloton l'avertit qu'il doit faire demi-tour ; les serre-files de ce peloton passent devant le premier rang. Les chefs des sections extrêmes des pelotons de l'intérieur désignent vivement le nombre de files nécessaire pour boucher, sur chaque flanc de la colonne, les distances qui sont devant eux ; ceux de l'avant-dernier peloton désignent le nombre de files nécessaires pour boucher, sur chaque flanc de la colonne, la double distance comprise entre le peloton qui est devant eux et celui qui est derrière.

175. Au commandement de *Marche*, les guides se portent en serre-files ; le peloton de la tête ne bouge pas, celui de la queue fait demi-tour ; les files désignées se portent à droite et à gauche, pour boucher les vides compris entre les pelotons.

176. Le chef de bataillon, voulant faire reformer la colonne, commande :

1. *Formez la colonne.*
2. MARCHE.

177. Au commandement de *Marche*, les files qui font face à droite et à gauche de la colonne reprennent leurs places par le pas en arrière ; le peloton de la queue fait demi-tour ; le chef de peloton de la tête, les serre-files du peloton de la queue et les guides des autres pelotons reprennent leurs places de colonne.

ARTICLE XIV.

MANOEUVRES DU BATAILLON AVEC DES TIRAILLEURS.

178. Un bataillon manœuvre habituelle-ment, partie en rangs serrés, partie en tirail-leurs, et il emploie à ce dernier rôle un ou plusieurs pelotons, ordinairement deux.

179. Ces pelotons, désignés par le chef de bataillon, conservent leurs places de ba-taille jusqu'au moment où ils sont employés, ou bien, ils sont placés d'avance aux ailes du bataillon. Dans le cas où les pelotons de tirailleurs sont pris dans l'intérieur du bataillon, les pelotons des ailes appuient vers le centre, et lorsque les pelotons de tirail-leurs se rallient au bataillon, ils se pla-cent aux ailes et ne reprennent leurs places

de bataille que sur l'ordre du chef de bataillon.

180. Lorsque plusieurs pelotons sont employés en tirailleurs, ils restent sous les ordres directs de leurs capitaines et se conforment, dans leurs mouvements, aux prescriptions de l'Ecole des tirailleurs ; quand il y a utilité, le chef de bataillon les réunit sous un même commandement.

181. Les pelotons de tirailleurs se tiennent à une distance du bataillon qui varie suivant les circonstances et la nature du terrain. Cette distance doit être telle que le bataillon soit protégé contre les feux de mousqueterie de l'ennemi, sans que l'action des tirailleurs cesse d'être liée à celle du bataillon ; le bataillon, de son côté, doit choisir la position et la formation les plus avantageuses pour se mettre à l'abri.

182. Lorsque les pelotons de tirailleurs sont chargés d'éclairer le bataillon, leurs mouvements sont subordonnés aux siens ; mais dans l'action, ils acquièrent naturellement une certaine indépendance, et c'est alors souvent au bataillon à subordonner ses mouvements aux leurs.

183. Les soutiens des pelotons se tiennent en arrière de la ligne des tirailleurs de leurs pelotons, en se conformant aux prescriptions de l'Ecole des tirailleurs nos 5 et 24. Ils peuvent être réunis suivant les circonstances et la nature du terrain.

184. Si un peloton de tirailleurs se trouve dans la nécessité de se déployer en entier, le chef de bataillon doit lui envoyer pour soutien un autre peloton.

185. Lorsque le chef de bataillon déploie deux pelotons, chacun d'eux a habituellement pour front d'action le front de son demi-bataillon, et lorsqu'il en déploie plus de deux, il désigne le peloton base du mouvement, et il indique à chacun l'espace qu'il doit occuper; chaque peloton exécute ensuite son mouvement comme s'il était isolé.

186. Un bataillon ne doit pas déployer plus des deux tiers de ses pelotons en tirailleurs, sans être assuré d'un soutien composé de pelotons entiers d'un autre bataillon.

187. Dans la marche en avant ou en retraite, une ligne de tirailleurs de plusieurs pelotons a habituellement sa direction au centre, sans que pour cela les pelotons soient astreints à marcher à la même hauteur. Lorsque la direction doit être prise à droite ou à gauche, l'ordre en est donné par le chef de bataillon. Les tirailleurs, les soutiens et le bataillon devant tenir compte des circonstances et de la nature du terrain, leurs mouvements de marche et d'arrêt peuvent ne pas avoir lieu simultanément. Il suffit qu'ils observent les principes indiqués nos 183, 184 et 185.

188. Si les tirailleurs sont chargés de flanquer une colonne de plusieurs bataillons

dans un terrain accidenté, il est souvent avantageux de leur faire occuper des positions sur le flanc. A cet effet, la tête de colonne fournit des pelotons de tirailleurs qui prennent position, et chacun d'eux rallie successivement la colonne, dès qu'il est relevé ou que l'arrière-garde arrive à sa hauteur.

189. Lorsque le bataillon exécute un changement de direction sous un angle très-ouvert, le chef de bataillon fait déployer de nouveaux tirailleurs dans la nouvelle direction, et l'ancienne ligne rallie le bataillon lorsque sa présence n'est plus utile.

190. Lorsque la ligne des tirailleurs rallie le bataillon, les tirailleurs se dirigent vers les ailes et exécutent le feu en retraite, en démasquant son front le plus vite possible. Arrivés à sa hauteur, ils garnissent l'espace libre sur le flanc en continuant le feu.

191. Si le bataillon doit, au contraire, se porter sur la ligne des tirailleurs, ceux-ci se resserrent de manière à permettre son action quand il arrive à leur hauteur.

192. Si le bataillon, ayant rallié les tirailleurs, se porte en avant pour prendre l'offensive, les tirailleurs marchent sur les flancs à hauteur du front du bataillon, ou se replacent devant son front, suivant les indications du chef de bataillon, de manière à protéger sa marche par leurs feux.

193. Lorsque le bataillon se forme en carré, les pelotons de tirailleurs se rallient

sur les positions les plus favorables pour lier
leur défense à celle du bataillon, ou bien ils
se rallient sur le carré en occupant les sec-
teurs sans feux, ou en venant se placer dans
la position à genou ou couchée devant les
faces du carré.

ARTICLE XV.

RALLIEMENT.

194. Le bataillon étant en bataille, le chef
de bataillon fait battre la *berloque;* à ce
signal, le bataillon se rompt et s'éparpille.

195. Lorsque le chef de bataillon veut rallier le bataillon en bataille, il fait battre au
drapeau, et place en même temps deux
jalonneurs et le porte-drapeau dans la direction qu'il veut donner au bataillon. Le porte-
drapeau est placé de manière à présenter le
bras droit au front du bataillon.

196. Chaque chef de peloton rallie son
peloton à environ six pas en arrière de la
place qu'il doit occuper sur la ligne de bataille.

197. Le chef de bataillon fait établir
promptement le peloton du drapeau contre les
deux jalonneurs; chaque peloton se porte, au
commandement de son chef, sur l'alignement
du peloton du drapeau, et y est établi d'après
les principes prescrits.

199. Lorsque le chef de bataillon veut rallier le bataillon en colonne, au lieu de faire battre au *drapeau*, il fait battre l'*assemblée*, et place deux jalonneurs devant l'emplacement que doit occuper le premier peloton ; le chef de ce peloton le rallie derrière le flanc droit des jalonneurs, et le chef de chacun des autres pelotons le rallie à distance de section en arrière de celui qui doit le précéder dans l'ordre en colonne.

200. Le bataillon doit être exercé souvent à se rallier promptement, en bataille ou en colonne, après s'être dispersé.

ARTICLE XVI.

MOUVEMENTS IRRÉGULIERS.

201. Si l'instruction insuffisante des hommes et des officiers ne permet pas d'employer les manœuvres réglementaires, on peut faire usage des suivantes, qui sont d'une exécution plus facile.

DÉPLOIEMENT.

202. Le chef de bataillon, ayant amené son bataillon un peu en dehors du point où doit appuyer la droite ou la gauche de son bataillon déployé, fait jalonner la ligne

8

par l'adjudant-major, comme il a été prescrit (titre III, n° 69).

203. Cela fait, si la colonne a la droite en tête et qu'elle se trouve à la gauche de la ligne de bataille, le chef de bataillon commande :

1. *Par le peloton de la tête vers la droite déployez la colonne.*
2. *Bataillon* — A DROITE.
3. MARCHE.

204. Au premier commandement, les chefs de peloton avertissent leurs pelotons de ce qu'ils ont à faire.

205. Au commandement de *A droite*, le bataillon fait à droite; les chefs de peloton font déboîter les deux premières files vers le peloton de la tête. Au commandement de *Marche*, le peloton de la tête se dirige vers le premier jalonneur, se redresse à trois pas de lui et se prolonge parrallèlement à la ligne de bataille.

206. Les autres pelotons se mettent successivement en marche au commandement de *Marche* fait par leurs chefs, au moment où la gauche du peloton précédent arrive à leur hauteur.

207. Quand la gauche du dernier peloton arrive à hauteur du premier jalonneur, le chef de bataillon placé vers le centre commande : 1. *Bataillon.* 2. HALTE, et prend

ensuite un alignement général, s'il le juge nécessaire.

208. Une colonne, la droite en tête, se déploie vers la droite par le peloton de la tête, et vers la gauche par le peloton de la queue. Une colonne, la gauche en tête, se déploie vers la droite ou vers la gauche de la manière inverse.

209. Dans ce mode de déploiement, la ligne de bataille peut, par rapport au front de la colonne, être parallèle ou oblique, et même faire face en arrière.

Au lieu de faire jalonner la ligne d'après le méthode prescrite, le chef de bataillon peut se borner à placer un jalonneur à la droite ou à la gauche de la ligne, et à donner un point de direction au chef du peloton qui part le premier.

MARCHE EN BATAILLE.

210. D'après cette méthode qui consiste à produire des intervalles entre les pelotons pour éviter les *à-coups*, la marche en bataille s'exécute d'après les principes et par les commandements prescrits (titre III, article X), avec les différences suivantes:

211. Le chef de bataillon établit l'adjudant en avant de l'avant-dernière file du troisième peloton.

212. Au commandement de *Bataillon en avant*, les deux guides, dans chaque peloton,

font porter derrière les flancs du peloton les deux files extrêmes de la droite et de la gauche, et encadrent les pelotons.

Les chefs de peloton, capitaines ou lieutenants, font reculer au second rang les guides placés au flanc des pelotons opposé au drapeau, et se mettent au premier rang.

213. Pendant la marche, le guide de gauche du troisième peloton marche dans les traces du drapeau; l'adjudant-major qui marche à quinze pas derrière lui, veille à ce qu'il ne s'en écarte pas.

214. Dans chaque peloton, le guide qui est du côté du drapeau marche droit devant lui, et conserve l'intervale qui le sépare du peloton voisin; les hommes sentent le coude de son côté.

215. Au commandement de *Drapeau et guides généraux à vos places*, les files en arrière se portent en ligne.

Quand le bataillon marche en retraite dans chaque peloton le guide opposé au drapeau se porte sur l'alignement des serre-files; le chef de peloton le remplace au second rang devenu premier.

MARCHE EN COLONNE PAR LE FLANC.

216. Au lieu de faire marcher la colonne par le front des subdivisions, le chef de bataillon peut la faire marcher par le flanc comme il a été prescrit (titre III, n° 109).

217. Pour mettre le bataillon en marche, il commande :

1. *Bataillon en avant.*
2. *Direction à droite (ou à gauche).*
3. MARCHE.

218. Les chefs de peloton conservent leurs distances du côté de la direction.

219. Pour changer de direction, le premier peloton du côté du mouvement converse par file, en raccourcissant le pas ; les autres se conforment en son mouvement ; le chef de bataillon commande :

1. *Changement de direction à droite (ou à gauche).*
2. MARCHE.

TITRE IV

ÉCOLE DES TIRAILLEURS.

RÈGLES GÉNÉRALES ET DIVISION DE L'ÉCOLE DE TIRAILLEURS.

1. Cette école a pour objet d'enseigner à un peloton à manœuvrer en tirailleurs.

2. Les mouvements d'une troupe en tirailleurs ne doivent pas s'exécuter avec le même ensemble que ceux d'une troupe à rangs serrés; ils sont soumis à des règles générales, qui donnent à celui qui la commande les moyens de la diriger selon ses vues, et de la porter dans toutes les directions avec la plus grande promptitude. Les mouvements en tirailleurs se font au pas accéléré. On ne fait usage du pas gymnastique que dans les cas exceptionnels.

3. Les tirailleurs portent l'arme de la manière la plus commode.

4. Les commandements se font le plus souvent à la voix, et sont répétés par les officiers, les sous-officiers et, au besoin, par les caporaux. On n'a recours à des sonneries que dans le ou d'absolue nécessité.

5. Une ligne de tirailleurs a toujours un soutien, qui doit se tenir à portée de l'appuyer, tout en profitant des accidents du terrain, pour se masquer à la vue de l'ennemi et s'abriter de ses feux.

6. L'école des tirailleurs est divisée en quatre parties, et chaque partie, en articles, ainsi qu'il suit :

PREMIÈRE PARTIE.

ARTICLE I.   Déployer un peloton en tirailleurs, en avant et par le flanc (n°s 7 à 50).

—   II.   Ouvrir et resserrer les intervalles (n°s 51 à 53).

—   III.   Relever une ligne de tirailleurs (n°s 54 à 55).

—   IV.   Renforcer une ligne de tirailleurs (n°s 56 à 59).

DEUXIÈME PARTIE.

ARTICLE I.   Marcher en avant, en retraite et par le flanc (n°s 60 à 78).

ARTICLE II. Changer de direction par le front de la ligne et par file (nᵒˢ 79 à 85).

TROISIÈME PARTIE.

ARTICLE I.   Feu de position (nᵒˢ 86 à 93).
—   II.   Feu en avançant (nᵒˢ 94 à 97).
—   III. Feu en retraite (nᵒˢ 98 à 102).
—   IV.   Feu par le flanc (nᵒˢ 103 à 104).

QUATRIÈME PARTIE.

ARTICLE I.   Ralliement (nᵒˢ 105 à 119).
—   II.   Rassemblement (nᵒˢ 120 à 124).

PREMIÈRE PARTIE.

—

ARTICLE 1er

DÉPLOYER UN PELOTON EN TIRAILLEURS, EN AVANT ET PAR LE FLANC.

7. Le peloton est déployé en tirailleurs par groupes formés chacun d'une escouade.

8. On déploie une ou plusieurs escouades, et les escouades non déployées servent de soutien à la ligne des tirailleurs.

9. Le capitaine, les officiers de section et les sergents marchent avec les tirailleurs, lorsque la moitié de la troupe à laquelle ils commandent est déployée, et même avec une fraction moindre, si le capitaine le juge convenable.

10. Le capitaine a auprès de lui un clairon et quatre hommes qu'il choisit dans le peloton, et les officiers de section, deux hommes qu'ils choisissent dans leurs sections.

11. Le sergent-major et le fourrier se tiennent avec le capitaine pour aider à la transmission de ses ordres, s'ils ne sont employés au commandement d'une fraction constituée.

12. En tirailleurs, le capitaine, les officiers de section et les sergents n'ont point de place fixe ; ils choisissent celle qui convient le mieux pour exercer leur commandement.

13. Lorsque le capitaine veut déployer une fraction du peloton en tirailleurs, il indique les escouades à déployer, et donne ses instructions aux tirailleurs et au soutien.

14. Le peloton est déployé en tirailleurs *en avant*, lorsqu'il est en arrière de la ligne sur laquelle il doit être établi, et *par le flanc*, lorsqu'il se trouve déjà sur cette ligne.

DÉPLOYER EN AVANT.

15. Le peloton étant de pied ferme, si le

capitaine veut déployer une escouade en avant,
il en donne l'ordre au sergent de la demi-section,
qui commande :

    1. (*Telle*) *escouade en avant.*
    2. MARCHE.

16. Au premier commandement, le caporal
se porte devant le centre de son escouade ; le
sergent lui indique le point sur lequel il doit se
diriger.

17. Au commandement de *marche*, l'escouade, conduite par le caporal, se dirige sur
le point indiqué.

18. Lorsque le sergent juge convenable de
déployer l'escouade, il commande :

    3. EN TIRAILLEURS.

19. Le caporal commande aussitôt : A (*tant
de*) *pas*, et le déploiement de l'escouade se fait
sur la file du centre qui continue à marcher
droit devant elle, dirigée par le caporal ; les
autres files gagnent à droite et à gauche, en
marchant, l'espace indiqué ; dès que chaque file
a sa distance, l'homme du second rang se place
à la gauche de son chef de file.

20. L'escouade se déploie habituellement sur
la file du centre; mais s'il est avantageux qu'elle
se déploie sur la file de droite (ou de gauche),
le caporal en prévient son escouade.

21. Le caporal se règle sur la nature du ter-

rain et sur l'étendue à couvrir, pour fixer le nombre de pas qui doit séparer les files; mais cette fixation n'a rien d'absolu, et des files peuvent être plus groupées ou plus dispersées, s'il y a avantage.

22. L'escouade étant arrivée sur la ligne qu'elle doit occuper, le sergent l'arrête par le commandement de :

4. *Tirailleurs* = HALTE.

23. A ce commandement, les hommes choisissent, soit sur la ligne, soit en avant ou en arrière, les positions les plus favorables pour bien découvrir le terrain du côté de l'ennemi, sans s'astreindre à conserver leurs intervalles, mais en observant de ne pas se gêner mutuellement. Ils occupent de préférence les abris qui peuvent arrêter les projectiles et utilisent les formes de terrain qui suffisent à abriter un homme couché; ils profitent aussi, pour s'embusquer, des broussailles, haies, moissons ou herbes assez hautes pour dérober des tirailleurs à la vue de l'ennemi. Le sergent et le caporal guident les hommes dans le choix de leurs positions. Le caporal se place ensuite vers le centre de son escouade.

24. Dès que le mouvement commence, le chef du soutien fait prendre à sa troupe la formation qui lui paraît la plus avantageuse, et se porte par le chemin le plus sûr au point qu'il doit occuper; il abrite le soutien le mieux qu'il peut, et fait, au besoin, coucher les hommes.

25. A l'instruction, le capitaine fait déployer isolément chaque escouade comme il vient d'être expliqué. Il ne doit pas perdre de vue que l'instruction individuelle des tirailleurs est de la plus grande importance, et il ne néglige rien pour la développer. Il fait contracter au soldat l'habitude de juger rapidement des facilités que peut lui offrir un terrain pour combattre, s'abriter, et se porter d'un point à un autre en se dérobant, autant que possible, à la vue et aux coups de l'ennemi. Le capitaine choisit un terrain favorable pour donner cette instruction, et afin de la rendre plus pratique, il fait représenter l'ennemi par quelques hommes. Il s'attache à faire comprendre que, dans le service des tirailleurs, l'homme, tout en agissant isolément, ne doit jamais échapper à la direction de ses chefs.

26. Lorsque le capitaine veut déployer la première section en avant et conserver la seconde en soutien, il commande :

1. *Première section en avant.*
2. *Sur (telle) escouade à (tant de) pas.*
3. Marche.

27. Au deuxième commandement, les caporaux de la première section se portent devant le centre de leurs escouades; le sergent dont relève l'escouade, base du mouvement, se porte à cette escouade pour la conduire, et le capitaine lui indique la direction.

28. Au commandement de *Marche*, l'escouade, base du mouvement, suit la direction
donnée, et les autres gagnent à droite ou à
gauche, en marchant, l'espace indiqué ; puis
elles se redressent, et règlent leur marche sur
l'escouade de direction.

29. Lorsque le capitaine veut faire déployer
les escouades, il commande :

4. En tirailleurs.

30. A ce commandement, chaque caporal
fait déployer son escouade comme il est prescrit
n° 19.

31. Les officiers de section ou les sergents
peuvent momentanément faire déployer en tirailleurs les escouades de leurs subdivisions avant
le commandement du capitaine, s'ils le jugent
nécessaire, sauf à les reformer aussitôt que les
circonstances le permettent.

32. Lorsque la section est arrivée sur la position qu'elle doit occuper, le capitaine l'arrête
par le commandement de :

5. *Tirailleurs* = halte.

33. A ce commandement, la ligne s'arrête ;
les officiers et les sous-officiers se portent sur la
ligne, s'assurent que leurs subdivisions occupent
la position la plus favorable pour combattre, et
que les hommes se sont conformés aux prescriptions du n° 23.

9*

34. Si le peloton est eu marche, la section qui est portée en tirailleurs accélère le pas, ou prend le pas gymnastique, si c'est nécessaire.

35. Dès que le mouvement commence, le chef du soutien se conforme aux prescriptions du n° 24.

36. Lorsque la ligne marche déployée par escouade, si le capitaine veut l'arrêter sans déployer les escouades en tirailleurs, il commande : *Tirailleurs* = HALTE, et les escouades s'arrêtent en restant groupées jusqu'au commandement de *En tirailleurs*.

37. Si, au contraire, le capitaine veut que les escouades se déploient en tirailleurs aussitôt que le mouvement commence, il commande :

1. *Première section en tirailleurs.*
2. *Sur (telle) escouade à (tant de) pas.*
3. MARCHE.

38. Le mouvement s'exécute d'après les principes prescrits n°s 27 et suivants. L'escouade, base du mouvement, se déploie en marchant, les autres prennent le pas gymnastique et se déploient dès qu'elles le peuvent.

39. Lorsque le capitaine doit déployer une section en tirailleurs, si le point sur lequel il doit l'établir est éloigné, il la porte en avant dans la formation la plus avantageuse pour la marche, et ne la déploie par escouade qu'au moment où il y a utilité à le faire. Il conserve de

même les escouades groupées tant qu'il n'est pas nécessaire de les déployer en tirailleurs.

40. L'intervalle entre deux escouades se compte d'un chef d'escouade à l'autre. Sa fixation n'a rien d'absolu ; elle est faite en vue d'occuper le terrain à couvrir et d'empêcher les escouades de se gêner entre elles. Les officiers de section peuvent modifier les intervalles, chaque fois qu'il y a avantage à le faire, pour mieux user des accidents du terrain.

DÉPLOYER PAR LE FLANC.

41. Le peloton étant de pied ferme, lorsque le capitaine veut faire déployer la seconde section par le flanc droit et conserver la première en soutien, il commande :

1. *Seconde section par le flanc droit.*
2. *A (tant de) pas.*
3. MARCHE.

42. Au premier commandement, le chef du soutien lui fait faire demi-tour et le porte sur le point qu'il doit occuper.

43. Au deuxième commandement, les caporaux de la seconde section se placent devant le centre de leurs escouades ; celles-ci font à droite, sans doubler, à l'exception de la huitième, qui ne bouge pas ; le sergent dont relève l'escouade de tête se porte à cette escouade pour la diriger.

44. Au commandement de *Marche*, les escouades qui ont fait à droite se mettent en marche, et à mesure que chacune d'elles a son intervalle, le caporal l'arrête, et elle fait face à l'ennemi.

45. Lorsque le capitaine veut faire déployer les escouades, il commande :

4. EN TIRAILLEURS.

46. A ce commandement, chaque caporal fait déployer son escouade par le commandement prescrit n° 19; les hommes se déploient et se conforment aux prescriptions du n° 23.

47. Le capitaine peut prescrire que les escouades se déploient successivement à mesure que le terrain qu'elles doivent occuper est libre.

48. L'officier de section et les sergents surveillent le mouvement de leurs subdivisions.

49. On déploie par le *flanc gauche* d'après les mêmes principes et par les mêmes commandements, en substituant l'indication de *gauche* à celle de *droite*.

50. Si le capitaine veut déployer la section sur une escouade du centre, le mouvement s'exécute d'après les mêmes principes et par les commandements suivants :

1. *Seconde section, par le flanc droit et le flanc gauche.*
2. *Sur (telle) escouade, à (tant de) pas.*
3. MARCHE.

ARTICLE II.

51. Si le capitaine veut faire ouvrir ou resserrer les intervalles d'une ligne de tirailleurs, il commande :

Sur (telle) escouade à (tant de) pas, ouvrez (ou serrez) vos intervalles.

52. Si la ligne est de pied ferme, le caporal de l'escouade, base du mouvement, fait ouvrir ou resserrer les intervalles entre les hommes de son escouade; les autres caporaux font faire par le flanc à leurs escouades, et leur font ouvrir ou resserrer leurs intervalles à la distance indiquée, à mesure que chaque escouade arrive sur sa nouvelle position; les hommes se conforment aux prescriptions du n° 23, en se maintenant sur le terrain que doit occuper l'escouade.

53. Si la ligne des tirailleurs est en marche, les escouades ouvrent ou resserrent leurs intervalles en gagnant obliquement du terrain à droite ou à gauche, et dans chaque escouade les hommes ouvrent ou resserrent en même temps leurs intervalles.

ARTICLE III.

54. Lorsqu'une ligne de tirailleurs doit être

relevée, les nouvelles escouades sont déployées
de manière à avoir achevé leur mouvement en
arrière de cette ligne, puis elles remplacent
les anciennes escouades dans leurs positions;
celles-ci se dirigent ensuite sur l'emplacement
du soutien, en ayant soin de ne se grouper que
lorsqu'elles ne sont plus exposées aux coups de
l'ennemi.

55. Si les tirailleurs qu'on doit relever marchent en retraite, ceux qui sont chargés de les
remplacer se déploient par le flanc, comme il
est prescrit nᵒˢ 43 et suivants, prennent position,
et se laissent dépasser par les anciens tirailleurs
qui se dirigent sur le soutien.

ARTICLE IV.

RENFORCER UNE LIGNE DE TIRAILLEURS.

56. Pour renforcer une ligne de tirailleurs
aux prises avec l'ennemi, on fait déployer, en
marchant, les escouades de renfort, et on fait
loger les nouveaux tirailleurs, soit dans les intervalles qui existent sur la ligne, soit derrière les
abris déjà occupés par les premiers, côte à côte
avec eux, suivant que le terrain s'y prête. Les
nouveaux tirailleurs se trouvent ainsi mêlés avec
les anciens, et profitent des observations de ceux-
ci sur la position de l'ennemi.

57. Dès que les circonstances le permettent,
les officiers, ainsi que les sous-officiers et les
caporaux, s'occupent de réunir les hommes par

escouade. Le chef de la ligne peut ensuite faire placer les escouades dans leur ordre normal.

58. Si la ligne n'est pas aux prises avec l'ennemi et qu'on veuille la renforcer, on fait resserrer les intervalles des escouades, et on déploie les escouades de renfort à leur droite ou à leur gauche.

59. L'opération de renforcer une ligne de tirailleurs, si importante et si fréquente à la guerre, doit être souvent répétée à l'instruction.

DEUXIÈME PARTIE.

ARTICLE Iᵉʳ.

MARCHER EN AVANT, EN RETRAITE ET PAR LE FLANC.

60. Dans la marche en avant, en retraite et par le flanc, le soutien conforme ses mouvements à ceux de la ligne, de manière à être prêt à seconder les opérations, en observant les prescriptions du n° 24.

MARCHER EN AVANT.

61. Lorsqu'une ligne de tirailleurs marche en avant, elle règle sa marche sur l'escouade de direction, qui est prise habituellement au centre de la ligne.

62. Le chef de la ligne, voulant la porter en avant, commande :

> 1. (*Telle*) *escouade de direction, tirailleurs en avant*.
> 2. MARCHE.

63. Au premier commandement, le sergent, dont relève l'escouade de direction, se porte à cette escouade pour la conduire; les caporaux se placent devant leurs escouades.

64. Au commandement de *Marche*, la ligne se met en marche, et les caporaux ont soin de conserver leurs intervalles.

65. Pendant la marche, les officiers de section peuvent modifier les intervalles des escouades, et même reformer momentanément des escouades ou des subdivisions, toutes les fois qu'il y a avantage à le faire. Les hommes mettent à profit les obstacles naturels pour s'abriter des vues et des coups de l'ennemi; ils évitent, autant que possible, les endroits découverts, les traversent rapidement, en se baissant quand ils ne peuvent les éviter, ne se portent qu'avec précaution sur les collines, et fouillent avec soin les lieux qui se prêtent aux embuscades.

66. Lorsque le chef de la ligne des tirailleurs veut l'arrêter, il commande :

> 3. *Tirailleurs* = HALTE.

67. A ce commandement, la ligne s'arrête,

et chacun se conforme, pour prendre position, aux prescriptions du n° 23.

MARCHER EN RETRAITE.

68. Le chef de la ligne des tirailleurs, voulant la faire marcher en retraite, commande :

> 1. (Telle) escouade de direction, tirailleurs en retraite.
>
> 2. MARCHE.

69. Au premier commandement, les tirailleurs font demi-tour, le sergent et les caporaux se conforment aux prescriptions du n° 63.

70. Au commandement de *Marche*, la ligne se met en marche, et chacun se conforme aux prescriptions des n°ˢ 64 et 65.

71. Lorsque le chef de la ligne veut l'arrêter, il commande :

> 3. *Tirailleurs* = HALTE.

72. A ce commandement, les tirailleurs s'arrêtent, font face du côté de l'ennemi, et se conforment aux prescriptions du n° 23.

MARCHER PAR LE FLANC.

73. Le chef de la ligne des tirailleurs, voulan la faire marcher vers la droite ou vers la gauche, commande :

> 1. *Tirailleurs par le flanc droit* (ou *gauche*).
>
> 2. MARCHE.

74. Au premier commandement, le sous-officier dont relève l'escouade de tête se porte à cette escouade pour la diriger, et les tirailleurs font à droite.

75. Au commandement de *Marche*, les tirailleurs se mettent en marche, les escouades suivent les traces de l'escouade de tête, et continuent à occuper la même étendue de terrain. Les officiers, ainsi que les sous-officiers et les caporaux, y veillent.

76. La ligne des tirailleurs est arrêtée par le commandement de :

3. *Tirailleurs* — HALTE.

77. A ce commandement, les tirailleurs s'arrêtent, font face du côté de l'ennemi, et se conforment aux prescriptions du n° 23.

78. A l'instruction, le capitaine fait exercer chaque escouade isolément à la marche sur des terrains variés, en faisant représenter l'ennemi par quelques hommes.

ARTICLE II.

CHANGER DE DIRECTION PAR LE FRONT DE LA LIGNE.

79. Une ligne de tirailleurs étant de pied ferme, lorsque le chef de la ligne veut faire changer de direction à droite, il commande :

1. *Changement de direction à droite.*
2. MARCHE.

80. Au commandement de marche, l'escouade de droite, base du mouvement, se place immédiatement dans la nouvelle direction qui lui est donnée par le chef de la ligne; les autres escouades se conforment isolément à ce mouvement, en prenant une allure accélérée ou le pas gymnastique, et s'arrêtent lorsqu'elles arrivent à hauteur de l'escouade de base.

81. Si la ligne des tirailleurs est en marche, le changement de direction à droite s'exécute d'après les mêmes principes et par les mêmes commandements. L'escouade de base se met dans la nouvelle direction, et continue à marcher droit devant elle; les autres escouades se conforment à son mouvement, en accélérant l'allure ou en prenant le pas gymnastique, et reprennent le pas accéléré lorsqu'elles arrivent à hauteur de l'escouade de base.

82. On change de direction *à gauche*, d'après les mêmes principes.

83. Une ligne de tirailleurs en retraite change de direction d'après les mêmes principes et par les mêmes commandements qu'une ligne marchant en avant. Lorsque les escouades s'arrêtent, les tirailleurs font face du côté de l'ennemi et se conforment aux prescriptions du n° 25.

OBSERVATION.

84. Les changements de direction n'ont lieu

le plus souvent que sous un angle très-aigu. Mais si, dans les changements de direction en marchant, l'ouverture de l'angle l'exige, le chef de la ligne fait arrêter l'escouade de base dès qu'elle est dans la nouvelle direction, les autres escouades s'arrêtent à sa hauteur, et le chef de la ligne fait ensuite reprendre la marche.

CHANGER DE DIRECTION PAR FILE.

85. La ligne des tirailleurs marchant par le flanc, lorsque le chef de la ligne veut faire changer de direction à droite (ou à gauche), il commande :

1. *Par file à droite* (ou *à gauche*).
2. MARCHE.

TROISIÈME PARTIE.

—

ARTICLE Ier.

FEU DE POSITION.

86. La ligne des tirailleurs étant en position comme il est prescrit n° 23, les officiers, ainsi que les sous-officiers et les caporaux, cherchent à se rendre compte rapidement de la distance qui les sépare de l'ennemi.

87. Le chef de la ligne des tirailleurs, voulant faire ouvrir le feu, commande :

1. *A (tant de) mètres.*
2. COMMENCEZ LE FEU.

88. Les caporaux veillent à ce que les hommes prennent la hausse indiquée, et les tirailleurs qui aperçoivent distinctement l'ennemi font feu, sans se presser.

89. Si toutes les escouades ne doivent pas tirer à la même distance, le chef de la ligne se borne à commander : COMMENCEZ LE FEU, et les sous-officiers répètent le commandement, en le faisant précéder de l'indication de la distance à laquelle leurs escouades doivent tirer.

90. Lorsqu'il n'est pas nécessaire de faire tirer tous les tirailleurs, le commandant de la ligne indique le nombre d'hommes, par escouade, qui doivent tirer. Les caporaux les désignent parmi les plus adroits.

91. Les officiers, ainsi que les sous-officiers et les caporaux, règlent l'intensité du feu selon les circonstances, et veillent à ce que les hommes modifient la hausse chaque fois qu'il est nécessaire.

92. Le chef de la ligne, voulant faire cesser le feu, commande :

CESSEZ LE FEU.

93. A ce commandement, les tirailleurs cessent le feu et chargent leurs armes.

10*

ARTICLE II.

FEU EN AVANÇANT.

94. La ligne des tirailleurs étant en marche, le feu en avançant s'exécute aux commandements de 1. A *(tant de)* mètres. 2. COMMENCEZ LE FEU, ou de COMMENCEZ LE FEU ; les tirailleurs s'arrêtent, prennent position, brûlent une ou plusieurs cartouches, selon les circonstances ; puis, au commandement de *En avant*, fait par le chef de la ligne, ils gagnent rapidement du terrain en s'exposant le moins possible au feu et aux vues de l'ennemi, s'arrêtent de nouveau au commandement de *Halte*, fait par le chef de la ligne, prennent position et continuent le feu sans commandement. La marche en avant et l'exécution du feu continuent ainsi, de telle sorte que le feu en avançant n'est autre chose qu'un feu exécuté de position en position.

95. Si les tirailleurs sont de pied ferme et exécutent le feu de position, lorsque le chef veut les porter en avant, il commande : *Tirailleurs en avant* = MARCHE, et le feu continue comme il est prescrit n° 94.

96. Le chef de la ligne fait cesser le feu par le commandement de *Cessez le feu* ; les tirailleurs cessent de tirer et continuent la marche en avant.

97. Afin de mieux user des accidents du terrain, le chef de la ligne peut faire exécuter le feu en portant la ligne en avant par sa droite, sa gauche ou son centre.

ARTICLE III.

FEU EN RETRAITE.

98. La ligne marchant en retraite, au commandement de : 1. A *(tant de)* mètres. 2. COMMENCEZ LE FEU, ou de COMMENCEZ LE FEU, les tirailleurs prennent position, brûlent une ou plusieurs cartouches, selon les circonstances, puis, au commandement de *En retraite*, fait par le chef de la ligne, ils gagnent une autre position en arrière, y sont arrêtés par le commandement de *Halte*, fait par le chef de la ligne, et le feu en retraite continue ainsi, de telle sorte qu'il n'est autre chose qu'un feu exécuté de position en position.

99. Le chef de la ligne fait cessez le feu par le commandement de *Cessez le feu* ; les tirailleurs cessent le feu et continuent à marcher en retraite.

100. Si la ligne doit se porter en retraite par échelon, le chef de la ligne la fractionne en deux échelons, et commande :

RETRAITE EN ÉCHELON PAR LA DROITE (OU PAR LA GAUCHE).

101. A ce commandement, l'échelon de droite se porte en retraite, et va occuper la position qu'indique le chef de la ligne ; l'échelon de gauche continue le feu, et dès que l'échelon de droite est établi, il cesse le feu au commandement de *En retraite* que fait l'officier ou le

10**

sous-officier qui le commande, se porte en arrière, dépasse l'échelon de droite et prend à son tour position. L'échelon de droite reprend alors le feu aussitôt qu'il peut le faire sans danger pour l'échelon de gauche, et le feu en retraite continue ainsi, échelon par échelon, jusqu'à ce que le chef des tirailleurs juge à propos de le faire cesser et de reformer la ligne.

102. Dans la retraite par échelon, le chef de la ligne des tirailleurs a le plus grand soin de donner de bonnes directions aux échelons, afin qu'ils ne se gênent pas dans leurs mouvements, et veille à ce que chaque échelon démasque promptement, en se retirant, l'échelon en arrière, et qu'entre les positions successives des échelons il y ait des distances suffisamment grandes.

ARTICLE IV.

FEU PAR LE FLANC.

103. Si les tirailleurs, marchant par le flanc, doivent ouvrir le feu sans cesser de marcher, les hommes se portent en dehors de la chaîne des tirailleurs, s'arrêtent pour tirer en s'embusquant, s'il est possible, puis rejoignent leur escouade après avoir fait feu.

OBSERVATION.

104. A l'instruction, on fait toujours représenter l'ennemi par quelques hommes que l'on fait marcher et s'embusquer, afin que les tirail-

leurs s'habituent à ne jamais tirer sans viser un
point, à prendre la hausse convenable, et à ne
faire partir le coup que lorsqu'ils aperçoivent
distinctement l'ennemi.

QUATRIÈME PARTIE.

ARTICLE Ier.

RALLIEMENT.

105. La ligne étant de pied ferme, si le chef
veut la rallier par escouade, il commande :

RALLIEMENT PAR ESCOUADE.

106. A ce commandement, chaque caporal
se place sur le point le plus favorable pour le
ralliement de son escouade, et tous les hommes
viennent se grouper autour de lui de la manière
la plus avantageuse, en utilisant les obstacles du
terrain et en ayant attention de ne pas tirer sur
les escouades voisines. Les officiers et les sous-
officiers se portent à celles de leurs escouades
où ils jugent que leur présence est le plus nécessaire.

107. Lorsque le chef de la ligne veut la ré-
former, il commande :

EN TIRAILLEURS.

108. Ce mouvement s'exécute comme il est
prescrit n° 19.

109. Si le chef de la ligne veut la rallier par demi-section, il commande :

RALLIEMENT PAR DEMI-SECTION.

110. A ce commandement, chaque caporal rallie son escouade ; le chef de la demi-section se porte sur le point où doit se faire le ralliement, les caporaux s'y dirigent avec leurs escouades et les forment, en arrivant, en demi-cercle. Les officiers se portent à la demi-section où leur présence leur paraît le plus utile.

111. Si le chef de la ligne veut la rallier par section, il commande :

RALLIEMENT PAR SECTION.

112. A ce commandement, le chef de la ligne se porte rapidement sur le point qu'il choisit pour le ralliement ; chaque caporal rallie son escouade et la dirige sur le point indiqué. Le chef de la ligne dispose les escouades à mesure qu'elles arrivent de manière à former un demi-cercle.

113. Dans chacun de ces ralliements, le soutien se porte sur la ligne des tirailleurs pour l'appuyer, ou prend position sur son emplacement.

114. Si le chef de la ligne veut la rallier sur le soutien, il commande :

RALLIEMENT SUR LE SOUTIEN.

115. A ce commandement, les tirailleurs se rallient par escouade, s'ils ne le sont déjà, en se dirigeant sur le soutien qu'ils évitent de masquer. Le soutien se forme en bataille, et les

escouades se rallient sur ses flancs, de manière
à former un demi-cercle.

116. La ligne des tirailleurs étant ralliée par
demi-section, par section ou sur le soutien, si
le chef de la ligne veut la déployer en tirailleurs,
il fait les commandements prescrits n° 37.

117. Si la ligne des tirailleurs est en marche,
elle s'arrête et exécute les ralliements d'après
les mêmes principes. Elle peut aussi se rallier
par escouade, par demi-section ou par section,
sans cesser de marcher. Dans ce cas, les frac-
tions prennent, en se ralliant, la formation la
plus avantageuse pour la marche.

118. A l'instruction, une ligne de tirailleurs
est souvent exercée à se rallier ainsi, et à se déployer promptement en tirailleurs, sans cesser
de marcher.

119. Les ralliements doivent se faire toujours
avec le plus grand calme, sans cesser d'opposer
une résistance à l'ennemi, et, le plus habituellement, sans courir. En se ralliant, les tirailleurs
ne mettent la baïonnette au canon que s'ils le
jugent utile à leur défense.

ARTICLE II.

RASSEMBLEMENT.

120. Lorsque le capitaine veut rassembler la
ligne des tirailleurs, pour rejoindre le soutien,
il commande :

RASSEMBLEMENT SUR (TELLE) ESCOUADE.

121. A ce commandement, l'escouade de base se reforme sur deux rangs ; les autres escouades en font de même en marchant, se dirigent vers l'escouade de base, et se placent à sa droite ou à sa gauche suivant leurs places de bataille. La ligne ainsi rassemblée prend telle formation que son chef juge utile, et rejoint le soutien.

122. Si le chef de la ligne veut la rassembler directement sur le soutien, il commande :

RASSEMBLEMENT SUR LE SOUTIEN.

123. A ce commandement, les tirailleurs se rassemblent par escouade sur deux rangs; chaque escouade se dirige sur le soutien, et prend, en le rejoignant, sa place de bataille.

OBSERVATION GÉNÉRALE.

124. Cette école ne fait connaître que le mécanisme des formations d'un peloton manœuvrant en tirailleurs. Les prescriptions données à l'École de bataillon sur l'emploi des tirailleurs ont le même caractère. Les officiers doivent donc étudier, en outre, tous les détails des petites opérations de la guerre, dans lesquelles l'action du tirailleur est appelée à jouer un rôle important.

TITRE V.

CHARGE DU FUSIL CHASSEPOT.

CHARGE EN CINQ TEMPS ET A VOLONTÉ.

I. CHARGE EN CINQ TEMPS.

1. Les soldats étant au port d'arme, l'instructeur commande :

Charge en cinq temps.
Chargez — VOS ARMES.

Un temps et deux mouvements.

Premier mouvement.

2. Elever l'arme avec la main droite, la saisir avec la main gauche à hauteur de la hausse, faire un demi à droite sur le talon gauche, porter en même temps le pied droit à 30 centimètres en arrière et à 25 sur la droite, la pointe du pied un peu rentrée.

Second mouvement.

3. Abattre l'arme avec les deux mains, le pouce de la main gauche allongé le long du

bois, l'extrémité des autres doigts ne dépas-
sant que légèrement les bords de la monture,
sans toucher le canon ; la crosse sous l'avant-
bras droit, la poignée de l'arme contre le
corps, à environ 10 centimètres au-dessous
du téton droit, le bout du canon à la hauteur
de l'épaule ; placer le pouce de la main droite
sur la crête du chien, les autres doigts en
arrière et contre la sous-garde, le coude
légèrement élevé.

ARMEZ.

Un temps et un mouvement.

4. Armer en faisant sonner distinctement
la gâchette, saisir le levier avec la main droite,
les ongles en dessus.

Ouvrez. — LE TONNERRE.

Un temps et un mouvement.

5. Tourner le levier de droite à gauche, le
ramener en arrière sans brusquerie, porter
la main à la giberne, et saisir la cartouche
par l'étui à poudre.

Cartouche — DANS LE CANON.

Un temps et un mouvement.

6. Porter la cartouche dans l'échancrure,
la balle en avant, l'introduire dans la chambre
en l'accompagnant avec le pouce ; placer le
premier doigt sur le dard de la tête mobile
pour s'assurer que l'aiguille ne sort pas ; sui-

sir le levier de la main droite, les ongles tournés vers le corps.

Fermez — LE TONNERRE.

Un temps et un mouvement.

7. Pousser fortement la culasse mobile pour achever d'introduire la cartouche dans la chambre, rabattre le levier à droite, saisir l'arme à la poignée avec la main droite, le premier doigt allongé le long du pontet.

8. Les armes étant chargées, si l'instructeur veut les faire porter, il commande :

Portez — VOS ARMES.

Un temps et un mouvement.

9. Au commandement de *portez*, désarmer ; à cet effet, fixer les yeux sur la boîte, saisir le levier avec la main droite, le tourner pour amener le cran de sûreté au milieu de la fente supérieure de la boîte ; placer le pouce en travers sur le chien, le premier doigt en avant de la détente, les autres en arrière et contre la sous-garde ; presser sur la détente pour dégager la noix, conduire le chien au cran de sûreté et saisir l'arme à la poignée avec la main droite ; au commandement de *vos armes*, redresser vivement l'arme et prendre la position du port d'arme.

II. CHARGE A VOLONTÉ.

10. La charge à volonté s'exécute comme

la charge en cinq temps, sans s'arrêter sur aucun temps.

11. Les soldats étant au port d'arme ou reposés sous les armes, l'instructeur commande :

1. *Charge à volonté.*
2. *Chargez.* — VOS ARMES.

12. Les armes étant chargées, si l'instructeur veut les faire porter, il commande :

Portez — VOS ARMES.

13. Comme il est prescrit n° 9.

TABLE DES MATIÈRES

TITRE I.

BASES DE L'INSTRUCTION.

Composition d'une compagnie. 5
Formation d'une compagnie en bataille. 6
Composition d'un bataillon. 7
Formation d'un bataillon en bataille. 7
Formation d'un bataillon en colonne. 8
Tambours et clairons. 10
Instruction. 10
Droit au commandement. 11

TITRE II.

EXTRAITS DE L'ÉCOLE DU SOLDAT ET DE L'ÉCOLE DE PELOTON.

Principes généraux. 12
ARTICLE I. Position du soldat sans armes — à droite, à gauche. 13
ARTICLE II. Alignements. 14
ARTICLE III. Marche de front. 18
ARTICLE IV. Marche de flanc. 23
ARTICLE V. Conversions en marchant. 27

ARTICLE VI.   Maniement des armes et chargés sur
              deux rangs.   29
              Charge du fusil à percussion.   30
ARTICLE VII. Position du tireur debout, à genou
              et couché.   35
ARTICLE VIII. Des feux.   40
ARTICLE IX.   Le peloton étant face par le premier
              rang, le mettre face par le se-
              cond, et réciproquement.   44

TITRE III.

EXTRAITS DE L'ÉCOLE DE BATAILLON.

Principes généraux.   46
ARTICLE I.   Le bataillon étant face par le pre-
              mier rang, le mettre face par le
              second, et réciproquement.   48
ARTICLE II.   Alignements.   49
ARTICLE III. Maniement d'armes et charge à
              volonté.   51
ARTICLE IV.   Feux.   52
ARTICLE V.   Passer de l'ordre en bataille à l'or-
              dre en colonne par les ploiements.   55
ARTICLE VI.   Changement de direction d'une co-
              lonne par le flanc des pelotons.   59
ARTICLE VII. Contre-marche.   60
ARTICLE VIII. Passer de l'ordre en colonne à l'ordre
              en bataille par les déploiements.   61
ARTICLE IX.   Marcher en colonne et exécuter les
              mouvements dépendants de cette
              marche.   67
ARTICLE X.   Marcher en bataille et exécuter les
              mouvements dépendants de cette
              marche.   70
ARTICLE XI.   Marcher par le flanc.   78

ARTICLE XII. Ordre de route. 79
ARTICLE XIII. Dispositions contre la cavalerie. 82
ARTICLE XIV. Manœuvres du bataillon avec des ti-
railleurs. 84
ARTICLE XV. Ralliement. 88
ARTICLE XVI. Mouvements irréguliers. 89

TITRE IV.

ÉCOLE DES TIRAILLEURS.

Règles générales et division de l'École de tirailleurs. 94

PREMIÈRE PARTIE.

ARTICLE I.   Déployer un peloton en tirailleurs,
en avant et par le flanc (nos 7
à 50). 96
ARTICLE II.   Ouvrir et resserrer les intervalles
(nos 51 à 53). 105
ARTICLE III.   Relever une ligne de tirailleurs (nos 54
à 55). 105
ARTICLE IV.   Renforcer une ligne de tirailleurs
(nos 56 à 59). 106

DEUXIÈME PARTIE.

ARTICLE I.   Marcher en avant, en retraite et
par le flanc (nos 60 à 78). 107
ARTICLE II.   Changer de direction par le flanc de
la ligne (nos 79 à 85). 110

TROISIÈME PARTIE.

ARTICLE I.   Feu de position (nos 86 à 93). 112
ARTICLE II.   Feu en avançant (nos 94 à 97). 114
ARTICLE III.   Feu en retraite (nos 98 à 102). 115
ARTICLE IV.   Feu par le flanc (nos 103 à 104). 116

— 128 —

QUATRIÈME PARTIE.

ARTICLE I.   Ralliement (n°s 105 à 119).   117
ARTICLE II.   Rassemblement (n°s 120 à 124).   119

TITRE V.

Charge du fusil Chassepot.   121

— LILLE. TYP. J. LEFORT. MDCCCLXX —

À LA MÊME LIBRAIRIE

Règlement du 16 mars 1869 sur les Manœuvres de l'infanterie, Bases de l'instruction, École du soldat, École de péloton, Pratique du tir, École des tirailleurs. In-18 *cart.* . . . . » 75

Règlement du 16 mars 1869 sur les Manœuvres de l'infanterie, École de bataillon, École de régiment. In-18 *cart.* 1 25

Décret portant règlement sur le Service dans les places de guerre et villes de garnison. In-18 *cart.* 1 50

Règlement sur le Service des Bouches à feu, approuvé par le Ministre de la guerre, titres I et II. In-18 *cart.* . . . . . 1 »

Règlement sur le Service des Bouches à feu, approuvé par le Ministre de la guerre, titres III, IV, V et VI. In-18 *cart.* 1 50

Ordonnance du Roi sur le Service des armées en campagne. In-18 *cart.* . . . . . 1 »

Ordonnance du Roi sur le Service intérieur des troupes d'infanterie. In-18 *cart.* . . . 1 20

Règlement sur l'Instruction à pied dans les régiments d'artillerie : nouvelle édition contenant les modifications apportées aux manœuvres par l'adoption pour les régiments d'artillerie du fusil transformé de dragons (modèle 1867 se chargeant par la culasse), avec instruction sur le tir. In-18 *cart.*

Sous presse :

Règlement sur les Manœuvres et les Évolutions des batteries attelées, approuvé par le Ministre de la guerre. In-18 *cart.*

LILLE. TYP. J. LEFORT.

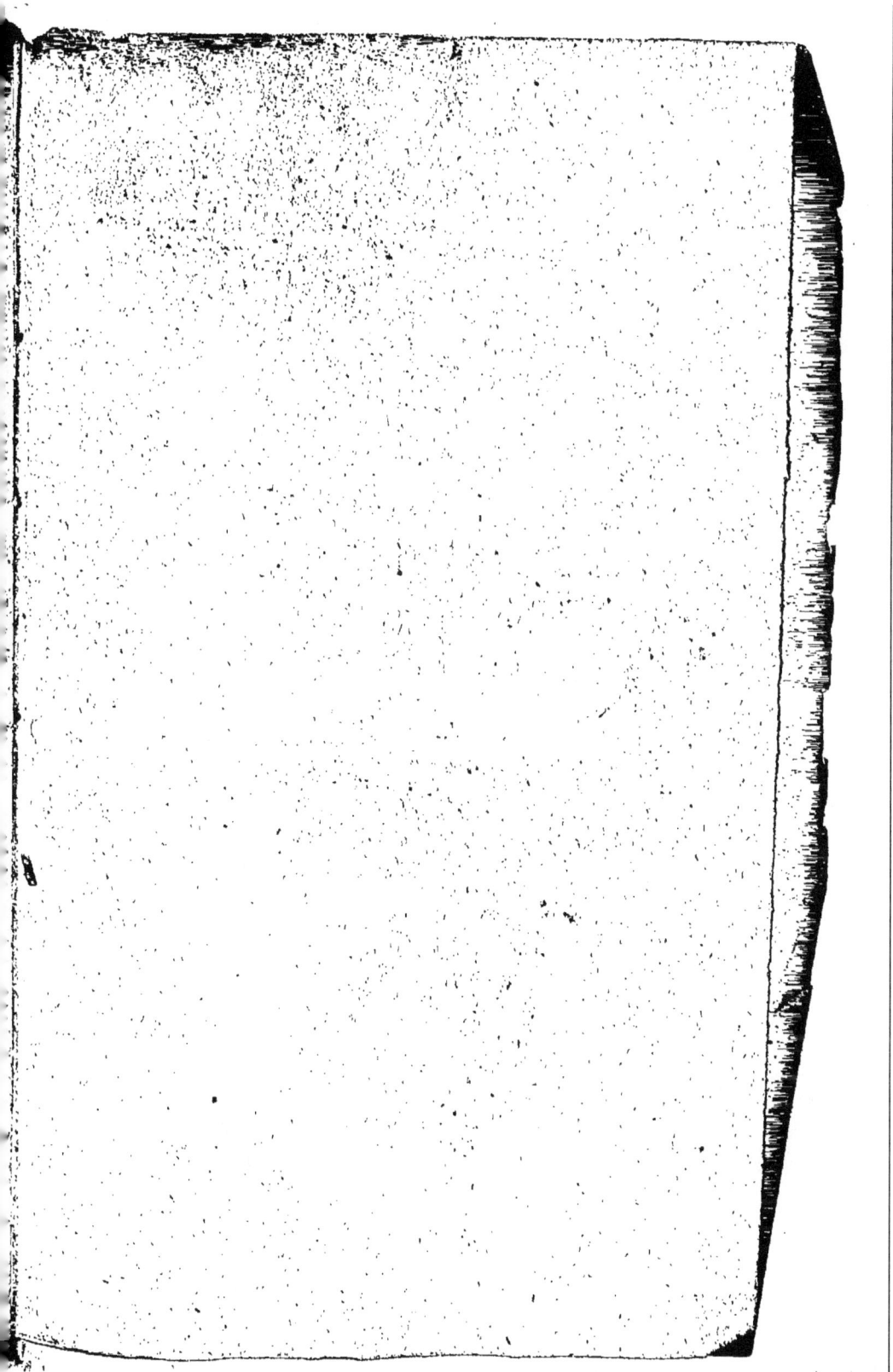

www.ingramcontent.com/pod-product-compliance
Lightning Source LLC
Chambersburg PA
CBHW062044200326
41519CB00017B/5132

* 9 7 8 2 0 1 9 9 5 3 4 9 2 *